Joh. W. Matutis

Schafe und Ziegen - Saat und Ernte

Joh. W. Matutis

Schafe und Ziegen - Saat und Ernte

Täglich mehr als 1300 Menschen hören seine Predigten.Wichtige Wahrheiten...

Fromm Verlag

Imprint

Any brand names and product names mentioned in this book are subject to trademark, brand or patent protection and are trademarks or registered trademarks of their respective holders. The use of brand names, product names, common names, trade names, product descriptions etc. even without a particular marking in this work is in no way to be construed to mean that such names may be regarded as unrestricted in respect of trademark and brand protection legislation and could thus be used by anyone.

Cover image: www.ingimage.com

Publisher:
Fromm Verlag
is a trademark of
Dodo Books Indian Ocean Ltd. and OmniScriptum S.R.L publishing group

120 High Road, East Finchley, London, N2 9ED, United Kingdom
Str. Armeneasca 28/1, office 1, Chisinau MD-2012, Republic of Moldova, Europe
Printed at: see last page
ISBN: 978-613-8-35336-2

Inhaltsverzeichnis

Teil 1

Predigt von Pastor Joh. W. Matutis

„Schafe und Ziegen"

Schafe und Ziegen

Die **Überschrift**, die ich einsehe, lautet wie folgt: **Das jüngste Gericht**. Hier fasst Jesus zusammen, worauf es Ihm *wirklich* ankommt. Später beginnt Sein Leiden, Sein Sterben, die Verhaftung, die Geißelung und die Kreuzigung. Doch hier zunächst einmal die letzten Worte, die Er, gemäß dem Evangelium nach Matthäus, spricht.

Diese nun folgende Schriftstelle ist dem aramäischen Sprachgebrauch entlehnt, sodass sie *anders* als gewohnt klingt. **Martin Luther**, der den Orient nicht bereiste, übersetzte das Wort, das nach aramäischem Wortlaut „Ziege" bedeutet, mit „Bock". Er verfasste quasi eine deutsche Version, wie er es beispielsweise auch mit dem Wort „Palme" vornahm. Während seiner Arbeit sann er nämlich darüber nach, dass den Deutschen wohl bestimmt das Wort „Eiche", nicht aber das Wort „Palme" geläufig sein muss. So nahm er die **Übersetzung** der Schriftstelle *„Der Gerechte wird grünen wie ein Palmbaum"* vor, wie folgt: „Der Gerechte wird grünen wie eine Eiche".

Ebenso ging er mit der nun folgenden Schriftstelle um. Er machte aus dem Wort „Ziegen" das Wort „Böcke". Die aramäische Version lautet wie folgt: „Schafe und Ziegen". Das ist mir ganz arg wichtig! Ich lese zwar den Wortlauf, den wir gewöhnt sind: „Schafe und Böcke", aber das darf so nicht zur Geltung gebracht werden, denn Jesus erzählt an anderer Stelle ein Gleichnis, dass in die gleiche Kategorie hineingehört und von demselben Evangelisten wiedergegeben wird: **„Unkraut und Weizen"**. Inhaltlich bedeutet „Unkraut und Weizen" das Gleiche wie **„Ziegen und Schafe"**. Das ist das letzte Gleichnis, das Jesus preisgab.

Das Wort des Herrn, welches gemäß der Überlieferung aus der Heiligen Schrift offenbar wurde und nachfolgend niedergeschrieben ist, lautet wie folgt: **Wenn aber der Menschensohn kommen wird in seiner Herrlichkeit und alle Engel mit ihm, dann wird er sich setzen auf den Thron seiner Herrlichkeit, und alle Völker werden vor ihm versammelt werden. Und er wird sie voneinander scheiden, wie ein Hirt die Schafe von den Böcken scheidet, und wird die Schafe zu seiner Rechten stellen und die Böcke zur Linken. Da wird dann der König sagen zu denen zu seiner Rechten: Kommt her, ihr Gesegneten meines Vaters, ererbt das Reich, das euch bereitet ist von Anbeginn der Welt! Denn ich bin hungrig gewesen und ihr habt mir zu essen gegeben. Ich bin durstig gewesen und ihr habt mir zu trinken gegeben. Ich bin ein Fremder gewesen und ihr habt mich aufgenommen. Ich bin nackt gewesen und ihr habt mich gekleidet. Ich bin krank gewesen und ihr habt mich besucht. Ich bin im Gefängnis gewesen und ihr seid zu mir gekommen. Dann werden ihm die Gerechten antworten und sagen: Herr, wann haben wir dich hungrig gesehen und haben dir zu essen gegeben? Oder durstig und haben dir zu trinken gegeben? Wann haben wir dich als Fremden gesehen und haben dich aufgenommen? Oder nackt und haben dich gekleidet? Wann haben wir dich krank oder im Gefängnis gesehen und sind zu dir gekommen? Und der König wird antworten und zu ihnen sagen: Wahrlich, ich sage euch: Was ihr getan habt einem von diesen meinen geringsten Brüdern, das habt ihr mir getan. Dann wird er auch sagen zu denen zur Linken: Geht weg von mir, ihr Verfluchten, in das ewige Feuer, das bereitet ist dem Teufel und seinen Engeln! Denn ich bin**

hungrig gewesen und ihr habt mir nicht zu essen gegeben. Ich bin durstig gewesen und ihr habt mir nicht zu trinken gegeben. Ich bin ein Fremder gewesen und ihr habt mich nicht aufgenommen. Ich bin nackt gewesen und ihr habt mich nicht gekleidet. Ich bin krank und im Gefängnis gewesen und ihr habt mich nicht besucht. Dann werden auch sie antworten und sagen: Herr, wann haben wir dich hungrig oder durstig gesehen oder als Fremden oder nackt oder krank oder im Gefängnis und haben dir nicht gedient? Dann wird er ihnen antworten und sagen: Wahrlich, ich sage euch: Was ihr nicht getan habt einem von diesen Geringsten, das habt ihr mir auch nicht getan. Und sie werden hingehen: diese zur ewigen Strafe, aber die Gerechten in das ewige Leben (Mt 25,31-46).

In den beduinischen **Herden des Orients** sind Schafe *und* Ziegen innerhalb einer Herde versammelt. Obwohl Ziegen in Art und Wesen völlig anders als Schafe sind, gehören sie dennoch mit dazu. Während Ziegen vorwiegend Sträucher kahlfressen, nehmen Schafe mit den Bodengewächsen vorlieb. Fressart, Verhalten und Wesen beider Tierarten sind gänzlich verschieden!

Es steht also geschrieben: **Wenn aber der Menschensohn kommen wird in seiner Herrlichkeit und alle Engel mit ihm, dann wird er sich setzen auf den Thron seiner Herrlichkeit, und alle Völker werden vor ihm versammelt werden. Und er wird sie voneinander scheiden, wie ein Hirt die Schafe von den Böcken scheidet, und wird die Schafe zu seiner Rechten stellen und die Böcke zur Linken. Da wird dann der König sagen zu denen zu seiner Rechten: Kommt her, ihr Gesegneten meines Vaters, ererbt das Reich, das euch bereitet ist von Anbeginn der Welt! (Mt 25,31-34)**

Bist du Sein Schäfchen? Dann ist das **Reich Gottes** für dich bestimmt! Für ‚die Schafe' ist das Reich Gottes bestimmt, und zwar nicht erst seit ihrer Bekehrung bzw. Wiedergeburt, da sie Kinder Gottes wurden, sondern lange vor Erschaffung der Welt! Als es noch kein Licht, keinen Baum, keinen Vogel, keinen Fisch und keinen Menschen gab, bestimmte Gott für sie das Reich! Begreifst du etwas Tiefes, etwas Geheimnisvolles?

In der nun folgenden Passage beschreibt Jesus Wesensart, Verhalten und Naturell der Schafe, wie geschrieben steht, siehe hier: **Denn ich bin hungrig gewesen und ihr habt mir zu essen gegeben. Ich bin durstig gewesen und ihr habt mir zu trinken gegeben. Ich bin ein Fremder gewesen und ihr habt mich aufgenommen. Ich bin nackt gewesen und ihr habt mich gekleidet. Ich bin krank gewesen und ihr habt mich besucht. Ich bin im Gefängnis gewesen und ihr seid zu mir gekommen (Mt 25,35f.).**

Bei allem, was sie taten, *merkten* sie nicht einmal, dass sie damit Jesus dienten! Sie handelten gänzlich unbewusst! Es gibt ein bewusstes und ein unbewusstes Leben. Die Atmung, der Herzschlag, der Gleichgewichtssinn u.v.m. finden im **Unterbewusstsein** statt.

Jesus zu dienen entspricht absolut dem Naturell der **Schafe**. Den Obdachlosen zu beherbergen, den Nackten zu kleiden, den Durstigen zu tränken, den Hungrigen zu speisen ist für sie so selbstverständlich, dass sie es selbst nicht einmal bemerken! Es geht um die göttliche Natur! Haben wir das Schafnaturell, so leben wir ganz selbstverständlich das christliche Leben, ohne dass es uns irgendwie anstrengt, aus.

Der Ziege wird es beim besten Willen nicht gelingen, das Naturell des Schafes anzunehmen. Selbst wenn sie noch so sehr versuchen würde, ein Schaf zu kopieren bzw. sich ebenso zu verhalten, es würde ihr *dennoch* nicht gelingen. Sie kann ihre Hörner nicht abschütteln. **Ziegen** haben Hörner, nur sehr wenige sind ohne ausgestattet. Sie laufen zwar mit derselben Herde mit und werden von demselben Hirten bewacht, aber ihr Naturell verändert sich dadurch nicht.

Einige Wesen, die sich in der Bibel befinden, gibt es heute nicht mehr. So z.B. das Einhorn. Es ist ein **Fabelwesen**, dem eine tiefe mystische Bedeutung zugesprochen wird. Es ist anzunehmen, dass es dieses Lebewesen irgendwann einmal gab. So ist auch im Wort Gottes die Rede von einem Drachen, der riesengroß ist. (Siehe Off 12,3-4a) Was sind Riesen eigentlich? Riesen sind nichts anderes als Missbildungen; etwas zu schnell emporgeschossenes Gewachsenes.

Fromm zu sein, ist also das Wesen der Schafe, wie nachfolgend geschrieben steht: **Dann werden ihm die Gerechten antworten und sagen: Herr, wann haben wir dich hungrig gesehen und haben dir zu essen gegeben? Oder durstig und haben dir zu trinken gegeben? Wann haben wir dich als Fremden gesehen und haben dich aufgenommen? Oder nackt und haben dich gekleidet? Wann haben wir dich krank oder im Gefängnis gesehen und sind zu dir gekommen? (Mt 25,37-39)** Die Gerechten wissen Folgendes: „Es ist unmöglich, dass es unseren Herrn, der Brot vermehren und Wasser in

Wein verwandeln kann, hungert oder dürstet, oder, dass Er gefangen oder obdachlos sein könnte." Es ist für sie ein selbstverständliches Tun.

Jesus erwidert, was nachfolgend geschrieben steht: **Und der König wird antworten und zu ihnen sagen: Wahrlich, ich sage euch: Was ihr getan habt einem von diesen meinen geringsten Brüdern, das habt ihr mir getan (Mt 25,40).**

Achtung! Was ist *„einer von diesen meinen geringsten Brüdern"*? Das ist nicht jeder Arme, nicht jeder Penner! So viele Menschen laufen den *falschen* Armen und Kranken nach! Die Antwort des Herrn ist sehr exakt, präzise und genau! Er spricht, was nachfolgend geschrieben steht: *„Was ihr getan habt einem von diesen meinen geringsten Brüdern"* usw. Diese Person, den Bruder also, setzt Er sich selbst gleich! Diese **Aussage** beinhaltet weder irgendein soziales Hilfsprojekt, noch eine humanitäre Rettungsaktion, noch die allgemeine Weltmission, noch blinde Betriebsamkeit, noch fleischlichen Diensteifer, noch Arme, Lumpen, Penner, Hinz oder Kunz, Müller oder Meier o.a. Nein! Der König spricht die folgenden Worte aus: *„**Was ihr getan habt einem von diesen meinen geringsten Brüdern, das habt ihr mir getan.**"*

Und nun wendet Er sich auch den anderen zu, wie geschrieben steht, siehe hier: **Dann wird er auch sagen zu denen zur Linken: Geht weg von mir, ihr Verfluchten, in das ewige Feuer, das bereitet ist dem Teufel und seinen Engeln! Denn ich bin hungrig gewesen und ihr habt mir nicht zu essen gegeben. Ich bin durstig gewesen und ihr habt mir nicht zu trinken gegeben. Ich bin ein Fremder gewesen und ihr habt mich nicht**

aufgenommen. Ich bin nackt gewesen und ihr habt mich nicht gekleidet.
Ich bin krank und im Gefängnis gewesen und ihr habt mich nicht besucht.
Dann werden auch sie antworten und sagen: Herr, wann haben wir dich
hungrig oder durstig gesehen oder als Fremden oder nackt oder krank
oder im Gefängnis und haben dir nicht gedient? Dann wird er ihnen
antworten und sagen: Wahrlich, ich sage euch: Was ihr nicht getan habt
einem von diesen Geringsten, das habt ihr mir auch nicht getan. Und sie
werden hingehen: diese zur ewigen Strafe, aber die Gerechten in das ewige
Leben (Mt 25,41-46).** Soweit das Wort des Herrn.

Gebet: Vater, wir segnen Dein Wort. Herr Jesus, es wurde aus Deinem Mund
gesprochen. Heiliger Geist, Du hast diese Worte inspiriert, aufgeschrieben und
für uns festgehalten. Wir möchten Dich jetzt bitten, uns zu helfen, dass wir
Deine Worte heute Abend verstehen, und begreifen, um was es in dieser
Advents- und Weihnachtszeit bzw. in dieser Endzeit, in der wir leben, wirklich
geht! Herr Jesus, Du kommst bald wieder! Du stehst ‚vor der Tür‘ und wirst die
Völker versammeln. Du wirst sie richten und ‚die Schafe von den Ziegen
trennen‘. Herr Jesus, ich möchte auf der Seite sein, wo Deine Schafe – Deine
Jünger, Deine Kinder – sind! Bitte segne uns, damit wir Dein Wort auch heute
Abend so recht begreifen. Amen

Abermals: Jesus spricht, was geschrieben steht, siehe hier: **Und der König
wird antworten und zu ihnen sagen: Wahrlich, ich sage euch: Was ihr
getan habt einem von diesen meinen geringsten Brüdern, das habt ihr mir
getan (Mt 25,40).** Und auch: **Wer euch aufnimmt, der nimmt mich auf; und
wer mich aufnimmt, der nimmt den auf, der mich gesandt hat (Mt 10,40).**

Mit dem Wörtchen *„euch"* sind Seine Jünger gemeint.

Gott schickt uns Menschen, die unseren Weg kreuzen; sie kommen uns in die Quere, ohne dass wir sie überhaupt wahrnehmen. Hinter allem, was geschieht, verbirgt sich **der göttliche Plan**! Deshalb sollen wir wach sein und prüfen! Menschen, die zu uns kommen und lauthals verkünden: „Wir kommen im Namen des Herrn!" sind zunächst einmal mit Vorsicht zu genießen!

Aber ebenso gibt es **die Stillen im Lande**, die sich unauffällig benehmen und stillschweigend ihrem Herzen folgen. Wir bemerken gar nicht, dass sie von Gott geschickt sind! Wir erkennen nicht, dass Jesus etwas durch diese Person bewirken will, dass dieser Bruder oder jene Schwester wichtig ist und einen Auftrag an dem Platz hat, an dem er oder sie sich befindet. Wir schicken ihn oder sie fort und sagen: „Nein, danke! Wir haben keinen Bedarf!" Damit weisen wir Jesus ab!

Lasst uns darüber nachdenken, wie oft wir Jesus bereits abgelehnt haben! Der Evangelist Ernst Modersohn schrieb ein Büchlein mit folgendem Titel: **„Menschen, durch die ich gesegnet wurde"**. Nun stelle ich dir anheim, den *zweiten* Band dieses Buches zu verfassen. Hier also mein Aufruf, die Fortsetzung mit folgendem Titel zu verfassen: „Menschen, durch die ich *nicht* gesegnet wurde". Menschen kamen in dein Leben. Gott stellte sie auf deinen Weg. Sie wollten dir dienen, aber du nahmst keine Notiz von ihnen. Du ließest sie einfach stehen.

Es steht geschrieben: **Gastfrei zu sein vergesst nicht; denn dadurch haben einige ohne ihr Wissen Engel beherbergt (Hebr 13,2).** Weißt du, wie viele Engel dich besuchen wollten, um dir zu dienen? Abermals: Diese bedeutsame Schriftstelle, um die es dem Herrn Jesus wirklich geht, lautet wie folgt: **Was ihr getan habt einem von diesen meinen geringsten Brüdern, das habt ihr mir getan (Mt 25,40b).** Wenn dich ein Papst, Bischof, Priester oder irgendeine hochgestellte Persönlichkeit besuchen würde, dann nähmest du sofort Haltung ein. Aber stattdessen kommt ein altes Mütterchen, ein ärmlich gekleideter Mann oder ein kleines Kind.

Wir lesen hier das Folgende: Hananias hat den Auftrag, **Saul von Tarsus** die Hände aufzulegen. (Siehe Apg 9,10-12) Sowohl er als auch Saul sind Gott gehorsam. Hananias überwindet seine Angst, einen berüchtigten Verbrecher aufzusuchen und sein Leben zu riskieren. Saul, der von Stolz befreit wurde, lässt es zu. Die Begegnung findet statt. (Siehe Apg 9,17) Hananias hätte sagen können: „Nein, zu diesem grausamen Mann gehe ich nicht! Ich kenne seine Geschichte! Er hat schon so viele Menschen ins Gefängnis befördert!"

Hananias war kein Theologe, sondern ein einfacher, ungebildeter Mann, der weder einen Doktortitel noch ein Diplom hatte. Vielleicht vermochte er nicht einmal zu lesen und zu schreiben. Es gibt so viele Menschen, die eine große, hohe Berufung haben! Aber sie erreichen sie nicht, weil sie „den Hananias" nicht in ihr Leben hineinlassen. Wie viel Heil geht durch Ungehorsam verloren! Der Herr möchte die Menschen segnen, aber dieser Segen bleibt aus, weil sie das Heil nicht erreicht! Wir dürfen nicht einfach sagen: „Nein, das geht mich nichts an!", denn vielleicht möchte Gott etwas durch diese Person bewirken, uns mitteilen oder zuteilwerden lassen!

Wenn wir uns zusammenfinden, soll, gemäß der Heiligen Schrift, jeder etwas beitragen. (Siehe 1 Petr 4,10) Was brachtest du heute Abend zum Gottesdienst mit? Welchen **Beitrag** leistest du? Werden Menschen durch dich gesegnet? Wirst du von anderen gesegnet? *Können* dich andere überhaupt segnen oder sagst du von vornherein: „Von dem lasse ich mir nichts sagen!" Lege dein Ziegennaturell ab und sei natürlich!

Wir sollen einander mit Achtung und Respekt begegnen! Es steht geschrieben: **Tut nichts aus Eigennutz oder um eitler Ehre willen, sondern in Demut achte einer den andern höher als sich selbst (Phil 2,3).** Du bildest dir so viel ein, doch ich sage dir: Weißt du, was du bist? Du bist ‚ein armes Würmlein‘! Du, ich, wir alle sind nichts wert! Niemand ist etwas wert! Aber Jesus spricht: *„Was ihr getan habt einem von diesen meinen geringsten Brüdern, das habt ihr mir getan."* Er spricht nicht etwa Worte aus wie die folgenden: „Was ihr den Pharisäern und Schriftgelehrten, den Geistlichen oder irgendwelchen Pastoren getan habt", sondern Er spricht von *„diesen meinen geringsten Brüdern".* Wer im Reich Gottes nichts wert ist, ist bei Gott ‚ein Edelstein‘, ‚ein Diamant‘, ‚eine Perle‘, die kostbar und wertvoll ist! Das Kleine, Unbedeutende und Wertlose findet bei Gott Beachtung!

Frage dich selbst: Was hast du für einen Menschen getan, der verachtet, ausgestoßen oder bedeutungslos war? Hast du ihn überhaupt bemerkt? Warst du dir seiner Not bewusst? Konntest du ihm helfen?

Ich wiederhole: Es steht geschrieben: Und alle Völker werden vor ihm versammelt werden. **Und er wird sie voneinander scheiden**, wie ein Hirt die Schafe von den Böcken scheidet (Mt 25,32). Gott trennt! Er vereint nicht, sondern Er scheidet! ‚Der Herr ist kein Koch, der einen Eintopf macht, sondern ein Gourmet, der eine Delikatesse anrichtet‘! Wenig, gut und schmackhaft – *so* kocht unser Chefkoch im Himmel!

Nachdem Gott sprach: *„Es werde Licht!“*, schied Er die Finsternis vom Licht. (Siehe 1 Mose 1,3f.) Auch den zweiten Tag brachte Er ausschließlich damit zu, zu scheiden. Er schied die Flut. (Siehe 1 Mose 1,6f.) Gott ist sehr stark auf **Selektion** bedacht. Er will das Optimale aus allem machen. Durch Selektion tritt das Hervorragende hervor.

Das Letzte, was Gott am Ende der Zeit – am Tag des jüngsten Gerichts – tun wird, ist in unserem Eingangstext enthalten, wie nachfolgend geschrieben steht: Wenn aber der Menschensohn kommen wird in seiner Herrlichkeit **und alle Engel mit ihm, dann wird er sich setzen auf den Thron seiner Herrlichkeit, und alle Völker werden vor ihm versammelt werden. Und er wird sie voneinander scheiden, wie ein Hirte die Schafe von den Böcken scheidet (Mt 25,31f.).** Der Herr wird alle Völker zusammenrufen, die Juden wie die Deutschen!

Neulich entschuldigte sich Herr Johannes Rau öffentlich dafür, dass während der Kriegszeit im Deutschen Reich unter Adolf Hitler Zwangsarbeit verrichtet wurde. Er äußerte das Folgende: „Bitte vergebt uns Deutschen, dass ihr in unserem Land zur Zwangsarbeit verpflichtet wurdet!" Mit Geld kann man diese Schmach nicht wieder gutmachen, aber man kann um **Vergebung** bitten, so wie es in diesem Fall stattfand. Das fand ich großartig!

Jedes Volk hat ‚Dreck am Stecken'. Alle Völker müssen **Buße** tun! Die Russen, die Amerikaner, die Chinesen, ja alle, selbst der kleinste Stamm Afrikas! Keine Nation ist davor gefeit! Alle werden gerichtet. Keiner kommt ‚ungeschoren' davon!

Es wird eine klare Trennung von Schafen und Ziegen geben! Lasst mich hier bitte das aramäische Bild „Ziege" und nicht das griechische „Bock" verwenden. Die Griechen kannten die orientalische **Form der Tierhaltung**, die vorgab, dass Schaf und Ziege beieinander sind, nicht. Sie nahmen eine Trennung der Schafe und Ziegen vor. Es gab sowohl Schafhirten als auch Ziegenhirten. Aber im Orient, in Palästina, bei den Beduinen und Nomaden in der Wüste, waren Schafe, Ziegen und sogar *Kamele* innerhalb einer Herde versammelt!

Lasst uns über das **Wesen der Ziege** nachdenken. Wie ist eine Ziege? Wer auf dem Land aufwuchs, der weiß: eine Ziege ist trotzig, starrsinnig, unlenksam, widerspenstig, bockig, mit Hörnern versehen und meckert. Die Ziege wurde als ‚die Kuh des armen Mannes' bezeichnet. Daheim lebten wir von Ziegenmilch. Als Junge musste ich die Ziegen weiden. Während ich eine davon am Strick hielt und aufpasste, dass sie nicht davonlief, erledigte ich meine Hausaufgaben. Das war nicht immer einfach! Wenn nämlich die Ziege einmal einen Weidenstrauch entdeckt hatte, war sie nicht mehr davon wegzubekommen! Wie sehr ich mich auch bemühte, zog, lockte, gut zuredete, es nützte nichts! Nein, sie wollte nicht! Sie stellte sich auf ihre Hinterfüße!

Die Ziegen fressen mit Vorliebe die grünen Blätter ringsherum ab. Dass der Orient und der ganze Mittelmeerraum fast kahlgefressen wurde, haben wir der schwarzen Ziege zu verdanken! Es gibt Menschen, die nur für sich leben und ‚alles kahlfressen‘, also vermeintliche Christen, die nur an sich denken und sagen: **„Hauptsache, *ich* habe grüne Blätter!"** Diese Menschen fragen dann: *„Herr, wann haben wir dich hungrig oder durstig gesehen oder als Fremden oder nackt oder krank oder im Gefängnis und haben dir nicht gedient?"*

Lassen wir die Völker zunächst einmal außer Acht, denn innerhalb der Gemeinde sind wir auch schon ein buntes Volk, mit unseren farbigen Geschwistern und Menschen unterschiedlicher Herkunft. Es steht geschrieben: **Und alle Völker werden vor ihm versammelt werden (Mt 25,32a).** Alle Christen werden gemeinsam vor dem Thron Gottes versammelt sein! Dort erst findet die **Trennung von Schafen und Ziegen** statt!

Ziegen sind eigensinnig. Sobald eine andere Artgenossin kommt, wird sie weggestoßen, obwohl genug Futter da ist. Sie wird einfach verdrängt. Ziegen können naturgemäß nicht teilen. Sie denken und leben nur für sich. Um auf diese Art leben zu können, wurden sie mit zwei Hörnern ausgestattet, sodass sie jeweils nach links und rechts etwas von sich stoßen können. Diese **Hörner** demonstrieren Macht und Autorität. Sie drücken aus: „Ich bin hier etwas! Ich kann hier etwas! Ich habe hier etwas zu sagen!"

Durch das vom Herrn im **Gleichnis** Geäußerte, werden uns Wesen und Naturell dieser beiden Tiere verdeutlicht, die grundlegend verschieden sind. Schafe lassen sich führen und weiden. Ziegen holen sich, was sie brauchen. Sie lassen sich nicht führen und weiden, aber gehören dennoch mit zur Herde dazu. Der gute Hirte lässt sie mitlaufen; sie sind dabei.

Nachdem ich nun den Eingangstext vorlas, bewegt mich die folgende Frage: „Sind wir etwa nur **Mitläufer**?" Sind wir nur Menschen, die irgendwo dazugehören, denen es ausreicht, zu wissen, dass sie mit dabei sind, um etwas zu genießen, um sich segnen zu lassen, um sich zu befriedigen, um sich zu sättigen, um ihren Durst zu stillen und um sich zu laben? Was ist mit den anderen? Was ist mit denen, die gering sind? Was ist mit dem Geringsten der Geringen? Ist er denn *auch* satt geworden? Wie oft bemerken wir nicht, dass wir Personen ‚mit unseren Hörnern wegstoßen während wir an der Tränke stehen und uns satt trinken'.

Wir beten, loben, preisen, rühmen und danken dem Herrn. Wir rufen aus: „Halleluja!" und merken nicht, wie wir andere daran hindern, desgleichen zu tun. Unser Bruder kommt gar nicht erst dazu, den Herrn zu loben und zu preisen, weil *wir* dafür so viel Zeit in Anspruch nehmen. Wir achten nicht auf ihn und darauf, dass er die Tränke gar nicht erreicht! Dadurch werden wir „zum **Stein des Anstoßes**" für ihn. (Siehe 1 Petrus 2,8)

Eigentlich bist du ein Kind Gottes, kennst und liebst Jesus, aber denkst dennoch nicht daran, denen, die noch nicht so geübt und erfahren im öffentlichen Beten sind und bisher wenig Gelegenheit zum Lobpreis Gottes hatten, den **Vortritt** zu gewähren. Es sollte dir ein Anliegen sein, dass dein Bruder, der als sogenannter Babychrist erst am Anfang steht und vielleicht noch nicht einmal ‚das Alphabet‘ kennt, weil dessen Glaubensleben gerade erst begann, gesegnet ist!

Ein vernünftiger Gottesdienst ist, gemäß dem Brief an die Römer Kapitel 12, seine Glieder unter Kontrolle zu halten. Ich erinnere mich an eine Person, die zu mir sagte: „Entschuldigen Sie bitte, aber Sie reden die ganze Zeit von Lukas, Matthäus und Markus. Haben diese Menschen keinen Familiennamen?" Ist das nicht rührend? Christen sind „per du". Wir haben uns alle lieb und sollten uns deshalb auch dementsprechend benehmen. Der Bruder bzw. die Schwester ist wichtig! Ihm bzw. ihr sollten wir Vortritt gewähren und sagen: **„Komm, werde *du* erst einmal satt!"** Bei Gott bleibt immer viel übrig, auch für dich! Gott hat die Fülle!

Hast du schon einmal darüber nachgedacht, ob die hinter dir sitzende Person genügend sieht? Dein Gesicht strahlt! Du bist glücklich und zufrieden, hast gute Sicht, bist reich gesegnet, aber wie sieht es mit deinem **Hintermann** aus? Was bekommt *er* zu sehen? Ein schöner Rücken kann auch entzücken, gut, aber erkennt diese Person auch vorn die Schrift des Liedtextes, um sich am Lobgesang zu beteiligen?

Wenn ein halber Goliat vor dir steht und den Herrn lobt und preist, siehst du nicht die Textfolie. Ein solcher Mensch kann nicht einerseits Gott loben und preisen, und andererseits so rücksichtslos sein. Ein solches Verhalten ist widersprüchlich! Er ist ein sogenannter **Namenschrist**, jemand, der zwar vorgibt ein Christ zu sein, aber durch sein Verhalten demonstriert, dass er innerlich keineswegs erneuert ist. Sein Wesen gleicht dem einer Ziege.

Kannst du dich überhaupt in die hinter dir stehende Person hineinversetzen? Diese kleine Frau sieht ‚den Rücken des Goliat‘, der mit erhobenen Händen den Herrn anbetet, lobt, preist und einen mächtigen Schatten auf sie wirft. Sie ist blockiert und vermag beim besten Willen keine Freude am Lobpreis zu entwickeln, denn sie versteht nicht, dass unter Christen so eine **Lieblosigkeit** überhaupt stattfindet.

Es steht geschrieben: **Habt ihr denn nicht Häuser, wo ihr essen und trinken könnt? Oder verachtet ihr die Gemeinde Gottes und beschämt die, die nichts haben? Was soll ich euch sagen? Soll ich euch loben? Hierin lobe ich euch nicht (1 Kor 11,22).**

Wir wissen, dass die **Gemeinde zu Korinth** eine charismatische Gemeinde ist, in der alles vorkommt, was in einer christlichen Gemeinde überhaupt vorkommen kann. Die beiden Briefe an die Korinther bringen viel Ärger. Sie tragen zur Kirchenspaltung bei, verursachen Konflikte, die nur durch den Geist Gottes lösbar sind. Diesem Geist der Weisheit haben wir es zu verdanken, dass eben diese beiden Briefe Bestandteile der Heiligen Schrift sind.

Es geht hier unter anderem um Wesensmerkmale, **Charaktereigenschaften** und innere Werte, die unterschwellig existieren und gefördert werden müssen. Es ist für einen echten Christen selbstverständlich, sich um die Schwachen zu kümmern und sich derer anzunehmen. Ein vom Geist Gottes geleiteter Christ weiß, wie er sich zu benehmen hat. Er erregt keinen Anstoß. Ist er an einem Ort, wo niemand an den Heiligen Geist glaubt, beginnt er nicht lauthals in Zungen zu beten. Er verhält sich unaufdringlich, demütig und zurückhaltend. Niemandem muss er seine Geistlichkeit demonstrieren. In dem Moment, da sie inwendig vorhanden ist, wird sie wirksam, und zwar so, wie es angemessen und Gott wohlgefällig ist.

Die Leute aus dem Osten besaßen nichts. Deshalb mussten sie ihre an der Brust befindlichen Orden zur Schau stellen. Sie staffierten sich damit, um etwas darzustellen. Ein König benötigt weder Krone, Zepter noch Thron, um zu regieren. Wenn er innerlich ein König ist, kann er sogar vom Bett aus regieren. Die meisten Christen *sind* leider keine Könige. Um ein König zu sein, braucht man innere **Substanz**!

Es steht geschrieben: **Und er wird sie voneinander scheiden, wie ein Hirt die Schafe von den Böcken scheidet, und wird die Schafe zu seiner Rechten stellen und die Böcke zur Linken (Mt 25,32b-33).** Ja, Er wird die Schafe von den Ziegen scheiden! Wie ein Mensch sich beim Beten benimmt, gibt Aufschluss über seine wahre Geistlichkeit. Der Weg Gottes ist **Ehrlichkeit**! Ehrlichkeit dem Herrn, sich selbst und anderen gegenüber!

In Heilbronn war ein kleiner Mann in unserer Gemeinde, dessen Leben absolut nicht stimmig war, aber als er zu beten begann, dachte ich, dass der Herrgott leibhaftig aus ihm spräche. Ich bekam Gänsehaut. Andere wiederum weinten wie kleine Kinder während sie das **Gebet** sprachen, sodass ich dachte: „O wie hingegeben sie doch sind!"

Lange Zeit kann vieles verborgen, klammheimlich versteckt oder durch Lautstärke betont werden, sodass alle möglichen Arten von **Gefühlsregungen** sichtbar werden. Wie gern spielen wir Theater und sind hervorragende Schauspieler. Doch früher oder später kommen die *wahren* Werte ans Licht. Alles wird offenbar! Der Tag des jüngsten Gerichts findet statt!

In der Bibel wird das **Gebetsverhalten Jesu** während Seiner letzten Tage in der Endzeit beschrieben. Er betet und ringt im Garten Gethsemane, wie geschrieben steht, siehe hier: **Und er riss sich von ihnen los, etwa einen Steinwurf weit, und kniete nieder, betete und sprach: Vater, willst du, so nimm diesen Kelch von mir; doch nicht mein, sondern dein Wille geschehe! Es erschien ihm aber ein Engel vom Himmel und stärkte ihn. Und er geriet in Todesangst und betete heftiger. Und sein Schweiß wurde wie Blutstropfen, die auf die Erde fielen. Und er stand auf von dem Gebet und kam zu seinen Jüngern und fand sie schlafend vor Traurigkeit und sprach zu ihnen: Was schlaft ihr? Steht auf und betet, damit ihr nicht in Anfechtung fallt! (Lk 22,41-46)** Jesus fand die Jünger schlafend! Nur einen Steinwurf weit ringt jemand um Leben und Tod und spricht: „Herr, Dein Wille geschehe!" Das Lamm Gottes ringt, aber die Jünger schlafen!

Die schlafenden Jünger stellen ein Bild auf die Ziegen dar. Es ist ihnen nicht bewusst, wie spät es an der Weltenuhr Gottes ist. Sie bemerken nicht, wie kritisch alles ist. Judas ist schon unterwegs, aber sie erkennen nicht, dass längst alles beschlossen ist und man hinterrücks sagt: „Dieser muss weg! Er soll gekreuzigt werden!", während der Eine – das Lamm Gottes – ringt!

Jesus ist der Verachtete und Unwerte, an dem keine Schönheit ist, der angespuckt und verpönt, eine Dornenkrone tragend, nackt, blutend – den Bart gerauft – am Kreuz hängt. Doch die Jünger merken nichts! Sie schlafen! Warum? Sie haben eine andere Natur! Sie sind nicht ‚aus demselben Holz geschnitzt'. Sie haben das **Ziegennaturell**. Sie waren mit Jesus zusammen, sprachen mit Ihm, sahen Seine Wunder, vernahmen Seine Worte und wussten dennoch nicht, worum es wirklich geht!

Ziege und Lamm weiden zusammen. Auf einem Grundstück vereint klaffen Welten auseinander! Es ist eine **Gratwanderung zwischen menschlichem Misslingen und göttlichem Gelingen**. Einer siegt und alle anderen verlieren. Einer betet, kämpft und ringt, und die anderen liegen, schlafen und schnarchen. Das alles geschieht in unmittelbarer Nähe, nur einen Steinwurf entfernt.

Die Jünger, die Jesus nachfolgten, waren *gute* Menschen! Es waren die edelsten, die Jesus damals auf dem Erdenrund finden konnte. Sie waren ehrliche Fischer, keine Verbrecher oder Kriminelle! Der Herr wollte, dass sie einander begegnen! Aber dennoch schliefen sie im entscheidenden Moment! **Welterschütternde Ereignisse** finden statt, aber sie merken nichts davon! Die Jünger Jesu schlafen! Insgesamt dreimal findet Jesus sie schlafend vor! Deshalb richtet Er folgendes Wort an sie: *„Wenn aber der Menschensohn kommen wird in seiner Herrlichkeit und alle Engel mit ihm, dann wird er sich setzen auf den Thron seiner Herrlichkeit, und alle Völker werden vor ihm versammelt werden.*

*Und er wird sie voneinander scheiden, wie ein Hirt die Schafe von den Böcken
scheidet"*.

Welterschütternde Ereignisse finden statt, aber die Gotteskinder schlafen! Ist
das nicht auch heutzutage so? Jeder weidet sich nur selbst! Sie fragen: „Herr,
wann wirst Du das Reich Israel aufrichten?" (Siehe Apg 1,6) Oder: „Meister,
erlaube, dass mein einer Bub zur Linken und mein anderer zur Rechten sitzt!"
(Vgl. Mt 20,21b) Diese Wünsche entspringen einem total menschlich
denkenden Herzen! Später erkennen sie dann und teilen mit: „Ja, wir dachten"
usw. Viele Menschen denken zu viel und beten zu wenig! In ihrem Leben
könnte viel mehr passieren, würden sie mehr beten und weniger denken!

Die meisten Christen sind nur Denk-Akrobaten, die von morgens bis abends
denken. Sie überdenken ihre Vergangenheit, ihre Gegenwart und ihre Zukunft.
Aber der Herr spricht: „Erkennt ihr denn nicht die Zeichen der Zeit?"

Es geht um das „Wann". Sie stellen Fragen wie: „Wann, Herr, warst Du nackt
und bloß?" Diese mit dem Schafnaturell dienen Gott ganz ungeniert, egal ob sie
dabei jemand sieht oder nicht, ob sie gelobt werden oder nicht, ob sie befördert
werden oder nicht. Sie dienen dem Herrn unabhängig von allen äußeren
Umständen. Sie tun ihre Arbeit und sind an dem Platz treu, an den sie Gott
stellte, unabhängig davon, ob sie nun Erfolg oder Misserfolg haben.

So viele Menschen dienen dem Herrn nur, wenn sie Erfolg haben. Würdest du
Gott auch dienen, wenn du **Misserfolg** hättest? Dein wahrer Gottesdienst zeigt

sich, wenn du betest und *nichts* passiert! Viele denken: „Ich bin ein Kind Gottes! Wenn ich bete, passiert etwas!" Paulus betete dreimal und es passierte nichts! (Siehe 2 Kor 12,8) Er musste lernen, sich an der Gnade des Herrn Genüge tun zu lassen. (Siehe 2 Kor 12,9a) Das gehört *auc*h mit zum christlichen Leben dazu, also nicht nur Schweißtücher zu verschicken, Schatten auszustrahlen und dabei Kranke zu heilen. (Siehe Apg 19,12; 5,15) Auch das Nichts-Erreichen findet statt! So viele Menschen dienen Gott nur dann, wenn sie Erfolg haben! Es steht geschrieben: **Predige das Wort, stehe dazu, es sei zur Zeit oder zur Unzeit; weise zurecht, drohe, ermahne mit aller Geduld und Lehre (2 Tim 4,2).**

Du willst verstanden sein, aber verstehst du Jesus? Wie oft wurde Er ausgelacht! Folgendes wissen wir: Als Jesus auf dem Weg nach Bethanien über den fast schon stinkenden Lazarus äußert: „Er schläft", lachen sie Ihn aus und sagen, dass Er von Sinnen sei! (Siehe Joh 11,11) Desgleichen geschieht, als Er das im Bett liegende Mädchen als schlafend beschreibt. Sie sagen, dass Er fantasieren würde. (Vgl. Mt 9,24b) Jesus wird einfach nicht verstanden; damals wie heute nicht.

Die Frage lautet wie folgt: **„Verstehe ich Jesus denn?"** Verstehst du Jesus? Verstehen wir Jesus? Er spricht Worte wie diese: „Ich war nackt, fremd, obdachlos, gefangen, krank, hungrig, durstig" usw. Sehen wir die Spuren des Herrn in unserem Leben? Haben wir geöffnete Augen? Sehen wir Jesus, wenn Er erscheint?

An die von Apostel Paulus geleitete pfingstlich-charismatisch orientierte

Gemeinde in Laodizea schreibt Jesus, was nachfolgend geschrieben steht: **Siehe, ich stehe vor der Tür und klopfe an. Wenn jemand meine Stimme hören wird und die Tür auftun, zu dem werde ich hineingehen und das Abendmahl mit ihm halten und er mit mir (Off 3,20).** Warum musste Er ihnen schreiben? Hatten sie keine Heilige Schrift? Fand dort kein Gottesdienst statt? Das Alte Testament gibt Aufschluss darüber, dass der Gottesdienst dreihundert Jahre lang *ohne* das Wort des Herrn gefeiert wurde. Wie merkwürdig! Kann das möglich sein? Im Tempel hielt man den Gottesdienst ab, aber eine Bibel *gab* es nicht? Wir lesen das Folgende: Als der Tempel zerstört wurde, trat unter Schutt und Asche die **Gesetzesrolle** hervor. Plötzlich weinten alle und riefen aus: „Wir haben die Gesetzesrolle gefunden!" Aber Jahrhunderte lang hielt man *ohne* das Wort des Herrn den Gottesdienst ab!

An anderer Stelle lesen wir, dass es während dem Judentum vierhundert Jahre lang keine Weissagung gab. Das Alte Testament schließt mit dem Propheten Maleachi ab. Danach vergehen vierhundert Jahre, bis der Prophet Johannes der Täufer auftritt. In dieser sogenannten **Zeit des Schweigens** gibt es keine einzige Offenbarung Gottes! Schrecklich! Wie nur ist es möglich, unter diesen Umständen geistlich zu leben? Jahrhunderte vergehen ohne Weissagung, ohne Offenbarung und ohne Wort des Herrn!

Jesus spricht: *„Siehe, ich stehe vor der Tür und klopfe an."* Tja, nichts gemerkt? Wo ist Jesus bei dir, bei mir, bei uns? Ist Er drinnen oder draußen? Diese Frage musst du dir selbst beantworten! Ich kann das nicht für dich tun!

Tritt ‚die **Reise nach Innen**‘ an und frage dich: „Bin ich ein Schaf oder eine

Ziege?“ Bei den Ziegen ist Jesus draußen und bei den Schafen drinnen!
Nirgendwo in der Bibel las ich: „Meine Ziegen hören meine Stimme, und ich
kenne sie und sie folgen mir“. Das wird nur über die Schafe geäußert. (Siehe
Joh 10,27) Ziegen kümmern sich nicht um den Hirten. Er ist ihnen völlig
einerlei. Erst wenn sich der Hirte schon weit entfernt hat, kommen sie nach,
schließen sich der Herde an und laufen mit.

Ziegen achten nicht auf die Stimme des Herrn. Sie machen den Eindruck, als
seien sie schwerhörig und haben nur Vergnügen daran, egoistisch das saftige
Grün abzunagen ohne etwas für andere zurückzulassen. Sie denken nur an sich
und sind dabei so mit sich selbst beschäftigt, dass sie gar nichts anderes mehr
wahrnehmen.

Wir können mit uns selbst und dem, was wir tun – mit unserer Religion, dem
Gottesdienst, dem Lobpreis, der Verkündigung, dem Dienst, dem Zeugnis – so
beschäftigt sein, dass wir nur ‚im eigenen Saft schmoren‘ und dadurch gar nicht
bemerken, was Gott *wirklich* wichtig ist. Wir wurden betriebsblind, haben die
Insider-Blindheit, weiden uns nur selbst und verinnerlichen uns und unsere
egoistischen Wünsche solange, bis wir den eigenen Bauchnabel entdeckten.

Wir sind narzisstisch veranlagt und betreiben **Selbstschau**. Außenstehende
klären uns dann auf und informieren uns darüber, dass mit uns etwas nicht
stimmt.

Jesus will das Feld ernten! Dieses Feld ist weiß, doch wenige sind der Arbeiter.
(Siehe Mt 9,37; Joh 4,35f. EU) Aber wir denken: „Ach, das sollen doch

Missionare machen, denn das ist *ihr* Geschäft!" Sobald du diese Räumlichkeit hier verlässt und zur Tür hinausgehst, betrittst du das größte Missionsfeld der Welt! Deutschland ist das Missionsland Nummer 1!

In der oben erwähnten Passage, in anderer Übersetzung, wird die Entfernung zwischen Jesus und den Jüngern mit *„etwa einen Steinwurf weit"* beschrieben. Das ist nicht weit, aber dennoch gibt es diesen kleinen, großen Unterschied! Schafe und Ziegen sind zusammen in einer Herde, aber es kommt zur Scheidung! Jesus spricht zu den Ziegen (bzw. Böcken) die folgenden Worte aus: *„Geht weg von mir, ihr Verfluchten"* und zu den Schafen: *„Kommt her, ihr Gesegneten"*.

Es gab einmal **zwei jüdische Söhne**. Beide lebten zusammen, beide besuchten ein und dieselbe jüdische Schule, beide hörten das Evangelium. Der eine hieß Abraham Silberstein und der andere Leo Trotzki. Abraham Silberstein wurde ein Missionar, und Leo Trotzki der Begründer der Roten Armee. Letzterer musste nach Mexiko fliehen, wo er von seinen eigenen Leuten ermordet wurde. Beide wuchsen zusammen auf. Beide hatten die gleichen Möglichkeiten. Der eine wurde ein Christ und Missionar, und der andere ein Bandit und Rebellenführer. Das ist ein typisches Beispiel, das für Schafe und Ziegen steht.

Lasst mich noch ein paar **Gedanken über Schafe und Ziegen** äußern: Schafe lieben den Herrn! Sie lieben Sein Wort! Jesus spricht: *„Ich bin der gute Hirte."* (Siehe Joh 10,11a) Er ist sogar so gut, die Ziegen mitlaufen zu lassen, denn Er ist großzügig. Im selben Atemzug wie Jesus die Worte spricht: „Lasst Weizen und Unkraut miteinander wachsen", spricht Er die Worte: „Lasst die Ziegen mit unter ihnen weilen. Schließt sie nicht aus." (Siehe Mt 13,30a) „Wenn die Zeit reif ist, nehme ich die Trennung vor." (Siehe Mt 13,30b,c; 25,32b-33)

Ziegen stinken, ebenso ihre Milch, die einen unangenehmen Geruch hat, obwohl sie gut schmeckt und gesund ist. Für den damals erwarteten „Crash 2000" wollten wir Ziegenmilch produzieren, für den Fall, dass der Strom ausgefallen wäre und es nichts mehr zu kaufen gegeben hätte. Jesus spricht, was geschrieben steht, siehe hier: **Wer meine Gebote hat und hält sie, der ist's, der mich liebt. Wer mich aber liebt, der wird von meinem Vater geliebt werden, und ich werde ihn lieben und mich ihm offenbaren (Joh 14,21).**

Zur Gefolgschaft der Jünger Jesu gehörte ‚ein Ziegenbock' namens **Judas**. Genaugenommen waren es zwei Jünger, die Judas hießen; der eine und der andere Judas. Innerhalb einer Herde gibt es immer zwei Typen, die eine Parallele bilden. Die Kluft ist nicht groß. In der folgenden Schriftstelle geht es sowohl um den Judas, der nicht der Judas Iskariot ist, als auch um den anderen Judas. Es steht geschrieben: Spricht zu ihm Judas, nicht der Iskariot: Herr, was bedeutet es, dass du dich uns offenbaren willst und nicht der Welt? Jesus antwortete und sprach zu ihm: **Wer mich liebt, der wird mein Wort halten; und mein Vater wird ihn lieben, und wir werden zu ihm kommen und Wohnung bei ihm nehmen. Wer aber mich nicht liebt, der hält meine Worte nicht.** Und das Wort, das ihr hört, ist nicht mein Wort, sondern das des Vaters, der mich gesandt hat. Das habe ich zu euch geredet, solange ich bei euch gewesen bin. Aber der Tröster, der Heilige Geist, den mein Vater senden wird in meinem Namen, der wird euch alles lehren und euch an alles erinnern, was ich euch gesagt habe. Frieden lasse ich euch, meinen Frieden gebe ich euch. Nicht gebe ich euch, wie die Welt gibt. Euer Herz erschrecke nicht und fürchte sich nicht **(Joh 14,22-27)**. Hier sind zwei, die denselben Namen tragen: Judas 1 und Judas 2. Schaf und Ziegenbock.

Welcher „Judas" sind wir? Im Wort Gottes ist Folgendes aufgezeigt: Später erfüllt, zum Entsetzen Jesu, Satan das Herz des Judas Iskariot. (Siehe Joh 13,27a) Und das, obwohl er zuvor selbst die Teufel austrieb!

Eine andere Illustration gibt das Folgende preis, wie geschrieben steht, siehe hier: **Es werden viele zu mir sagen an jenem Tage: Herr, Herr, haben wir nicht in deinem Namen geweissagt? Haben wir nicht in deinem Namen Dämonen ausgetrieben? Haben wir nicht in deinem Namen viele Machttaten getan? (Mt 7,22)** Das ist eine Anspielung auf Judas Iskariot, der anwesend war, als Jesus die Teufel austrieb. Sein Herz war von Anfang an von Satan erfüllt. Ist das nicht entsetzlich? Judas Iskariot war vermutlich sogar der Anführer, denn er verwaltete die Kasse. Er ging als der Erste voran!

Jesus spricht, was geschrieben steht, siehe hier: **Aber der Tröster, der Heilige Geist, den mein Vater senden wird in meinem Namen, der wird euch alles lehren und euch an alles erinnern, was ich euch gesagt habe (Joh 14,26).** Schafe sind treu und halten das Wort des Herrn! Sie halten es fest! Ein Schaf Gottes – ein Schaf Jesu Christi – wird an seinem **Verhältnis zum Wort Gottes** erkannt. Wer die Bibel nicht liest, ist eine Ziege. Ziegen lieben das Wort des Herrn nicht! Sie können es nicht ausstehen! Es schmeckt ihnen nicht! Es ist ihnen unverdaulich!

Hingegen können Schafe nicht genug vom Wort Gottes erhaschen! Sie können es nicht oft genug hören und daraus lernen! Ganz gleich, welche Seite sie aufschlagen, überall lesen sie: „Jesus, Jesus, Jesus, Jesus, Jesus!" Schafe sind hungrig auf Jesus! Sogar in den **Apokryphen** finden sie den Herrn, ebenso wie in der Offenbarung. Sie können aufschlagen, wo sie wollen, überall spricht die Heilige Schrift von Jesus.

Jesus spricht: *„Wer mich liebt, der wird mein Wort halten"*. Einen wahren Christen erkennst du am Halten des Wortes Gottes! Das ist das **Markenzeichen eines Kindes Gottes**. Vielleicht versteht es nicht alles, aber das *muss* es ja auch nicht. Manchmal muss ich auch, sinnbildlich gesprochen, ‚ganze Brocken' bzw. als weidendes Schaf ganze Grashalme hinunterschlucken und verdauen. Aber bedenke: Schafe sind Wiederkäuer! Das ist interessant! Schafe sind reine Tiere, die dem Herrn geopfert werden dürfen. Sie kauen das Wort Gottes wieder. Sie schlucken es hinunter und nun sitzt es schwer verdaulich im Magen und muss nochmals nachgearbeitet werden.

Im Gegensatz zu den damals lebenden Menschen sind wir im Besitz des Papiers und müssen nicht, gleich ihnen, auf Fellen schreiben. Fell war damals sehr teuer! Auch wurde die Schrift in Tontafeln gebrannt, was genauso ein leidliches Unterfangen gewesen sein muss. Heute ist es bequemer. Außerdem gibt es Videorecorder zum Aufzeichnen oder Tonträger wie Kassetten, CDs u.a, sodass alles noch einmal nachgehört und verinnerlicht werden kann. Ja, Gotteskinder – die Schafe – sind **Wiederkäuer**!

Wir alle kennen die wunderbare biblische Geschichte, die uns eröffnet, wie die Hirten auf dem Feld die frohe **Botschaft von der Geburt des Welten-Retters Christus**, dem Herrn, empfangen, nebst dem, was sich später ereignet. Hier nun die Schriftstelle, die uns kundtut, wie Maria, die Mutter Jesu, mit dem Wort des Herrn umgeht. Desgleichen sollen *wir* uns verhalten!

Es steht geschrieben: Und es waren Hirten in derselben Gegend auf dem Felde bei den Hürden, die hüteten des Nachts ihre Herde. Und des Herrn Engel trat zu ihnen, und die Klarheit des Herrn leuchtete um sie; und sie fürchteten sich sehr. Und der Engel sprach zu ihnen: Fürchtet euch nicht! Siehe, ich verkündige euch große Freude, die allem Volk widerfahren wird; denn euch ist heute der Heiland geboren, welcher ist Christus, der Herr, in der Stadt Davids. Und das habt zum Zeichen: Ihr werdet finden das Kind in Windeln gewickelt und in einer Krippe liegen. Und alsbald war da bei dem Engel die Menge der himmlischen Heerscharen, die lobten Gott und sprachen: Ehre sei Gott in der Höhe und Friede auf Erden bei den Menschen seines Wohlgefallens. Und da die Engel von ihnen gen Himmel fuhren, sprachen die Hirten untereinander: Lasst uns nun gehen gen Bethlehem und die Geschichte sehen, die da geschehen ist, die uns der Herr kundgetan hat. Und sie kamen eilend und fanden beide, Maria und Josef, dazu das Kind in der Krippe liegen. Da sie es aber gesehen hatten, breiteten sie das Wort aus, welches zu ihnen von diesem Kinde gesagt war. Und alle, vor die es kam, wunderten sich über die Rede, die ihnen die Hirten gesagt hatten. **Maria aber behielt alle diese Worte und bewegte sie in ihrem Herzen.** Und die Hirten kehrten wieder um, priesen und lobten Gott für alles, was sie gehört und gesehen hatten, wie denn zu ihnen gesagt war (Lk 2,8-20). Wir alle vernahmen es: Maria bewegt jedes noch so winzige Wort des Herrn, aus dem Munde der einfachen, ungebildeten Hirten, in ihrem Herzen!

Denkst du auch über das Wort Gottes nach, wenn du nach Hause gehst? Nimmst du dir Zeit dafür oder denkst du nur daran, zu kochen, zu nähen, zu arbeiten, zu spritzen, zu mauern oder was auch immer deinen Beruf ausmacht? Denkst du an Jesus oder an dein Geschäft? Diesbezüglich möchte ich eine keinesfalls unbedeutende Tatsache einflechten, worüber es sich lohnt, einmal nachzudenken: Für das **Sterben** musst du dir Zeit nehmen! Für manche Menschen ist es ein Segen auf dem Sterbebett oder Krankenlager zu liegen. Sie selbst denken vielleicht, dass das ein Fluch ist, aber das ist nur deshalb der Fall, weil sie die darin enthaltene Botschaft des Herrn nicht begreifen. Gott will ihnen durch ihre Misere etwas mitteilen! Es geht Ihm um die Seele des Menschen! Sie soll zur **Seligkeit** gelangen! Deshalb lässt Er das alles zu. Er weiß: Endlich kann diese Person einmal in Ruhe über das Wort Gottes nachdenken. Ein Leben lang hat sie keine Zeit dafür gehabt und ist deshalb innerlich völlig verbittert. Nun hat sie die Gelegenheit, den Segen des Herrn zu empfangen! Sie ruft aus: „Herr, ich gehe jetzt nach Hause! Ich habe Frieden! Ich gehe nun Dir und Deinem Thron entgegen!"

Schafe lieben das Wort Gottes und halten es ein; Ziegen nicht. Er wird sie alle versammeln und scheiden. Es steht geschrieben: **Und alle Völker werden vor ihm versammelt werden. Und er wird sie voneinander scheiden, wie ein Hirt die Schafe von den Böcken scheidet (Mt 25,32).** Er teilt die Menschen in zwei Gruppen ein.

Bevor ich zu einer interessanten Schriftstelle, besonders für Menschen, die viel beten, komme, vorab eine Information: Beten allein reicht nicht aus! Ein aus dem Spätmittelalter stammender Grundsatz aus der Tradition der Benediktiner lautet wie folgt: *„Ora et labora"*. Bete *und* arbeite! Nun zu der Schriftstelle, welche die Überschrift „Die wahren Jünger" trägt. Es gibt also auch falsche, unaufrichtige und unehrliche Jünger, die sogenannten Ziegen. Es steht geschrieben: **Es werden nicht alle, die zu mir sagen: Herr, Herr!, in das Himmelreich kommen, sondern die den Willen tun meines Vaters im Himmel (Mt 7,21).**

Erfüllst du den Willen deines Vaters im Himmel? Kennst du überhaupt den Willen deines himmlischen Vaters für dich? Er will, dass du ein Freier, also kein Gefangener, bist! Es ist nicht in Seinem Sinne, dass du im **Gottesdienst** lediglich deine Zeit absitzt, während der Predigt gähnst, an andere Dinge, wie z.B. deine Hausarbeit, Geschäfte und Personen, denkst, dich gereizt, genervt und unwohl fühlst. Korrigiere deine innere Einstellung zum himmlischen Vater!

Weiter steht geschrieben: **Es werden viele zu mir sagen an jenem Tage: Herr, Herr, haben wir nicht in deinem Namen geweissagt? Haben wir nicht in deinem Namen Dämonen ausgetrieben? Haben wir nicht in deinem Namen viele Machttaten getan? Dann werde ich ihnen bekennen: Ich habe euch nie gekannt; weicht von mir, die ihr das Gesetz übertretet! (Mt 7,22f.)** Dasselbe spricht der Herr zu den Ziegen, wie nachfolgend geschrieben steht: **Dann wird er auch sagen zu denen zur Linken: Geht weg von mir, ihr Verfluchten, in das ewige Feuer, das bereitet ist dem Teufel und seinen Engeln! (Mt 25,41)** So spricht also der Herr: *„Ich habe euch nie gekannt; weicht von mir, die ihr das Gesetz übertretet!"*

Hier werden gewaltige Dinge beschrieben, die pfingstlich-charismatisch orientierte Christen in der Kraft Gottes tun, so z.B., Dämonen auszutreiben, als Propheten aufzutreten oder Wunder zu bewirken. Sie leben sehr gefährlich! Sie sollten aufpassen, was sie tun! Über einen Lutheraner oder Evangelikalen wurde im Wort Gottes nichts verfasst, aber über jene schon! Sie treten als Propheten und Wunderwirker auf und tun **im Namen Jesu** große Dinge!

„Prüft alles" ist im Wort Gottes aufgezeigt. (Siehe 1 Thess 5,21a) Sei wachsam, wenn jemand auf dich zukommt und dir Folgendes mitteilt: „Der Herr sprach zu mir!", „Der Herr zeigte es mir!" oder „Der Herr vollzog es!" Es ist wunderbar, wenn der Herr das alles kann! Wie herrlich! Aber die Frage, die du dir stellen solltest, lautet: „Was kann der Herr an mir, in meinem Inneren, bewirken? Wie kann ich mit Gottes Hilfe ‚meinen inneren Schweinehund' besiegen? Wie kann Jesus meine Persönlichkeit in einen neuen Menschen verwandeln? Wie kann aus der egoistischen Ziege ein selbstloses Lamm werden?"

Hier bedarf es einem **Schöpfungswunder**! Die Hörner zu brechen, ist die erste Arbeit, die der Herr während dieses Umwandlungsprozesses tut. Wir lernen, nicht mehr ‚mit dem Kopf durch die Wand zu gehen' und dabei zu sagen: „Das muss und wird schon gehen!" Nein! Wird es eben *nicht*! Die Hörner müssen zuerst gebrochen werden! Fand das bei dir schon statt? Es gibt auch Schafe, bei denen etwas gebrochen werden muss! Dazu ein kleiner **Erlebnisbericht**, der wie folgt lautet:

Damals hatten wir in Süddeutschland ein Wiesengrundstück mit einem Wochenendhäuschen, eingezäunt, kultiviert und zivilisiert. Alle eins zwei Jahre kam ein Hirte mit seinen fünfhundert bis eintausend Schafen vorbei. Ich sehe es noch wie heute: Plötzlich war der ganze Berg voller Schafe! Eines Tages sah ich, wie er einem Schäfchen das Beinchen brach! Ich war entsetzt! Fest entschlossen, diese für meine Begriffe brutale Person anzuzeigen, wollte ich zum Gericht gehen, um es über diese Tierquälerei zu informieren. Soll das etwa ein guter Hirte sein? Ich war nicht weit davon entfernt, den Tierschutzverein anzurufen, wollte aber vorab mit dem Hirten selbst sprechen. Nachdem ich mein Entsetzen über das mir sichtbar gewordene Ereignis äußerte, sagte er: „Beruhigen Sie sich! Dieses Schäfchen *benötigt* diese Behandlung. Es ist voller Lebensenergie, läuft der Herde ständig weg, begibt sich, ungeachtet des Hirten, permanent in neue Gefilde, ist weder zu bändigen noch zu kontrollieren und voller Wissensdurst. Es ist eine **Maßnahme zur Züchtigung**. Nachdem das Bein geheilt ist, wird es mit dem Schäfchen besser werden! Es wird einmal andere Schäfchen *leiten*!" Dann nahm er das Schäfchen, schiente dessen Bein, nahm es liebevoll auf den Arm und entfernte sich wieder.

Durch diesen Hirten fand eine wichtige **Lektion** in mir selbst statt: So macht es der liebe Heiland – der gute Hirte – mit uns Christen! Manchmal *muss* Er uns leider ‚ein Bein brechen', weil wir zu eigensinnig sind. Wir sind der Ziege gleich, haben Ziegenblut in uns, wenn auch nur geringe Anteile. Der Hirte *muss* uns das Beinchen brechen, ganz gleich, wie traurig ihm dabei zumute ist. Versetze dich doch auch einmal in *seine* Lage hinein! Nicht nur die leidvolle Tat war ihm eine Last, sondern auch alles, was *daraufhin* stattfand! Er musste dieses geschiente Schäfchen tragen, es umsorgen und überallhin mit sich führen. Zum Abschluss zeigte er mir noch die anderen Schafe, die dieselbe Lektion erfuhren und sich nun schön brav bei der Herde aufhielten.

Manchmal denken wir: „Lieber Gott, wie kannst Du nur so brutal sein! Du bist ‚ein Halsabschneider oder ein Knochenbrecher!‘ Ja, Du brichst mir die Knochen!“ Doch der Herr erwidert, was nachfolgend geschrieben steht: **Denn ich weiß wohl, was ich für Gedanken über euch habe, spricht der HERR: Gedanken des Friedens und nicht des Leides, dass ich euch gebe Zukunft und Hoffnung (Jer 29,11).** Er spricht: „Ich will nicht deine Krankheit, dein Elend und deine Not!“

Derselbe Hirte, der das Beinchen bricht, schient es noch im selben Augenblick! Die **Erziehungsmethoden des Herrn** wollen *verstanden* sein! Sie dienen dem Bewusstwerden Seines Weges! Jesus muss gefunden werden, damit sich das Leben erfüllt und das Ziel erreicht wird!

Der **Schäferhund des Hirten** reicht bei manchen nicht aus. Sie sind schon zerbissen, blutig geschlagen, geprügelt und geprüft, aber die Zurechtweisungen haben weder geholfen noch gefruchtet! Der Hirte wartet geduldig, lässt Dinge zu, aber greift ein, bevor Schlimmeres stattfindet, um uns zu bewahren. Sind wir bereit, uns von dem guten Hirten verändern zu lassen? Aus der Ziege wird ein Schaf. Die Schafe sagen nicht nur „Herr!, Herr!“, sondern *tun*, was Er zu ihnen spricht.

Samuel Furrer, ein Radio-Evangelist aus der Schweiz, gab einmal **ein**

unvergessliches Zeugnis ab, das ich heute Abend gern mit euch teilen möchte:
Als er auf einer Versammlung von pfingstlich-charismatisch orientierten
Christen war, fiel ihm eine Schwester auf, die bei jeder nur erdenklichen
Gelegenheit lauthals ausrief: „Halleluja! Preis dem Herrn!" Ganz gleich, was
sie auch wahrnahm, ob es nun die Tischdekoration war, die ihr gefiel, die
köstliche Suppe, die sie aß, oder eine Person, die ihr begegnete, immer schallte
ein lautes „Halleluja! Preis dem Herrn!" durch den Raum. Wie sehr hätte er sich
gewünscht, dass diese Frau etwas leiser gewesen wäre oder ihr irgendjemand
ihr übertriebenes Verhalten bewusstgemacht hätte. Er hatte diesen Gedanken
noch nicht zu Ende gedacht, da geschah, wie es der Zufall wohl so wollte, beim
Ausschenken des Kaffees ein Missgeschick: es gelangte nämlich ein Fleck auf
ihr Kleid! Plötzlich verfinsterte sich ihr Gesichtsausdruck und der Halleluja
rufende „Engel" wurde zur fluchenden Bestie, die empört aufschrie: „Was fällt
Ihnen ein! Können Sie nicht aufpassen!" Aber der neben ihr verweilende Mann
erwiderte nur mit den folgenden Worten darauf: **„Halleluja! Preis dem Herrn,
ein Fleck im Kleid!"**

Solange es im Leben gutgeht, kannst du gern „Halleluja!" schreien, jodeln,
lauthals rufen und triumphieren, aber lass einmal einen Fleck aufs Kleid
gelangen, dann stellt sich nämlich erst recht heraus, ob du eine Ziege oder ein
Schaf bist.

Wir benötigen nicht erst den sogenannten jüngsten Tag oder das jüngste
Gericht. Dieser Tag ist heute, jetzt und hier! Wenn kritische Stunden kommen,
unvorhergesehene Probleme auftauchen, zeigt sich, was in uns ist und was aus
uns herauskommt. Diese Offenbarung ist die **Erkenntnis über den Gott in dir,**

über Seine Größe, darüber, ob Er ein Riese oder ein Zwerg ist. Diese Offenbarung geschieht nicht erst irgendwann einmal im Himmel, sondern im Moment deiner Krise! Wenn nichts mehr geht, wird offenbar, wie du dich verhältst. Resignierst du? Wirst du mutlos? Gibst du auf? Wirfst du alles hin? Läufst du davon?, oder sagst du: „Nein! Der Herr hat mich hier hingestellt und hier bleibe ich! Das, was mein himmlischer Vater zu mir sprach, werde ich tun, ganz gleich, wie die *anderen* sich verhalten!"

Ziegen gehen immer dorthin, wo Futter zu finden ist. Sie wandern gern und grasen, wo immer es etwas Grünes gibt. Aber der *Hirte* weidet die Schafe auf grüner Aue. (Siehe Ps 23,1b-2a) *Er* sucht die für ihre **Ernährung** notwendigen Pflanzen und Kräuter aus, achtet darauf, dass die Kost nicht einseitig ist und sie keine Mangelerscheinungen erleiden.

Gleich dieser Ziegen sind viele Christen! Sie treten in die **Gemeinde** ein und sagen: „Der Herr hat mir gezeigt, dass ich mich dir anschließen sollte!" Doch noch ehe ich die Mitgliedskarte ausgefüllt habe, sind sie schon wieder weg! Frage ich sie dann: „Wo bist du jetzt? Wie geht es dir? Was machst du?", sagen sie: „Der Herr hat mir gezeigt, dass ich da und dort hingehen sollte!" Später stellt sich dann heraus, dass sie auch *dort* nicht mehr sind, obwohl sie der Herr doch angeblich dort *haben* wollte. Diese Menschen haben ein typisches Ziegen-Syndrom. Sie schauen, wo es Futter gibt, grasen alles ab und ziehen dann weiter.

Der Mensch, dem das Ziegennaturell innewohnt, will immer gelobt werden, aber sobald dieses Loben einmal für ein paar Minuten aufhört, sackt er wie ein

Mehlsack zusammen. Das findet statt, weil keine innere **Substanz** vorhanden ist. Er explodiert sofort. Sobald du ihn ein bisschen mit der Nadel berührst, platzt er. Ich möchte nichts wider das Loben sagen; es hat seinen Platz, aber ebenso alles andere auch.

Der gute Hirte weiß ganz genau, *wo* die guten **Kräuter für die Schafe** wachsen. Er weiß, dass Klee gut ist, aber auch, dass es nicht nass und klebrig verfüttert werden darf, sonst bläht es im Magen auf. Die Schafe beginnen, sich unwohl zu fühlen und werden auf einmal ganz dick, so als ob sie trächtig wären. Davor *bewahrt* sie der Hirte. Er führt sie wohlweislich und bedacht, lässt sie in den Abendstunden das Klee fressen, wenn es gereift, getrocknet und gut verdaulich ist. Da ich früher einmal Landwirtschaft studiert habe, kenne ich mich in dieser Branche aus. Vorsorglich habe ich außerdem heute im Lexikon nachgeschaut, damit ich euch auch ja nichts Falsches erzähle.

Der Punkt, den ich jetzt anspreche, deckt ganz klar auf, wes Geistes Kind du bist, ob Schaf oder Ziege. Es geht um Leiden und **Opferung**! Wer einmal bei der Schlachtung eines Schafes oder einer Ziege anwesend war, weiß um das total unterschiedliche Verhalten beider Tiere: Während sich das Schaf folgsam hinlegt, – und zwar gerade so, als würde es sagen: „Es passiert nichts; ich habe keine Angst, bitte fahre fort!" – um sich die Gurgel durchschneiden zu lassen, schreit die Ziege lauthals auf, sobald ihr das Messer an den Rücken gehalten wird. Sie wütet und tobt bereits lange bevor überhaupt irgendetwas stattfindet. Irgendwie hat sie eine Ahnung, so als würde sie sich denken: „Jetzt geht es mir an den Kragen!" Dabei benimmt sie sich unmöglich! Das Schaf hingegen folgt brav und fügt sich seinem Geschick.

Über das Lamm Gottes ist in der Heiligen Schrift aufgezeigt, was geschrieben steht, siehe hier: **Als er gemartert ward, litt er doch willig und tat seinen Mund nicht auf wie ein Lamm, das zur Schlachtbank geführt wird; und wie ein Schaf, das verstummt vor seinem Scherer, tat er seinen Mund nicht auf (Jes 53,7).** Das Lamm – Jesus – tat Seinen Mund nicht auf, als es zur Schlachtung geführt wurde. Stellt euch nur einmal vor, anstelle des Bildes vom Lamm wäre das der Ziege verwendet worden! Die Ziege wäre gar nicht mehr einzufangen gewesen! Wir erinnern uns daran, was Jesus während Seiner Verhaftung im Garten Gethsemane sprach: „Nehmt mich und lasst diese gehen. Ich bin es, den ihr sucht. Judas, küss mich." (Siehe Mt 26,45b-50)

Der römisch-jüdische Historiker Flavius Josephus, der im ersten Jahrhundert nach Christus lebte, erzählte eine **Geschichte aus der Zeit Jerusalems**: Ein Prophet ging durch die Straße und schrie immer und immer wieder: „Wehe dir, Jerusalem!" Wahrscheinlich meinte er damit Jesus. Er sollte still sein und nicht mehr predigen. Deshalb schlug man Ihn blutig, aber auf die Schläge ging Er gar nicht ein.

Schafe sind ausgesprochene **Opfertiere**. Sie sind still, wenn sie geschlachtet werden. Aber die Ziege *will* nicht sterben. Sie kämpft um ihr Leben. Am Verhalten dieser Tiere können wir feststellen, ob wir zu den Schafen oder zu den Ziegen gehören. Sind wir bereit, unser Leben auf den Altar zu legen?

Viele Christen sagen: „Wir sollten etwas tun!" Diese Äußerung ist schnell getan! Sie beten: „Herr, schicke Deine Boten aus! Sende Missionare nach Afrika, Amerika, Südamerika oder wohin auch sonst noch!" Aber während des Gebets spricht plötzlich der Herr: „Johannes, wie sieht es denn mit *dir* aus? Bist *du* bereit zu gehen?" Ich weiß, wovon ich spreche! An einem grauen Novembertag im Jahr 1987 erging es mir so auf dem Breitscheidplatz in Berlin. Gerade beteten wir für eine Person, die als Missionar nach Berlin kommen wollte, darum, für sie einen Platz zu finden, und plötzlich, ganz unvermittelt, spracht der Herr zu mir: „Johannes, warum betest du für andere? Warum gehst *du* nicht nach Berlin? Wie sieht es mit *dir* aus?" Wie schnell sind wir bereit, für andere zu denken, zu planen und vorzubereiten! Aber wie sieht es mit uns selbst aus? Sind *wir* bereit?

„Wir sollten mehr beten!" Wie verhält es sich denn eigentlich bei *dir* mit dem Beten? „Wir sollten eine Fastenzeit einlegen!" Wie verhält es sich denn eigentlich bei *dir* mit dem Fasten? Schau nicht auf die anderen, darauf, was *sie* machen sollten, sondern frage dich selbst: „Was sollte *ich* tun?"

Ziegen und Schafe werden getrennt! Noch eine religionsphilosophische Merkwürdigkeit: Ein typisches Bild für den biblischen Glauben ist **das Lamm**. Es ist würdig, Lob, Preis, Dank, Ehre und Anbetung zu nehmen. Das Buch der Offenbarung ist voll des Lammes, das geschlachtet wurde. (Siehe Off 5,6a)

Im Heidentum dominiert die Ziege. Alle heidnischen Religionen haben etwas mit der Ziege zu tun. Zeus wurde als Kind von der **Ziege Amaltheia** genährt. Daraufhin gab er der Ziege einen Ehrenplatz am Sternenhimmel. Der Ziegenbock gehört zu den der Aphrodite geweihten, heiligen Tieren. Die Ziege ist im Heidentum zu Hause. Pan ist ein „Ziegengott", dessen oberen Körperteile einen Ziegenbock, und dessen unteren Körperteile einen Fisch darstellen. Bei den alten Germanen versorgte die **Ziege Heidrun** die Bewohner von Walhalla mit Milch u.v.m.

Später, als das Christentum die Germanen einholte, wurde der Ziege der christliche Glaube übergestülpt. Die **Vermischung von Heidentum und Christentum** fand statt. Aus dem Ziegenfuß wurde der sogenannte Pferdefuß und weiterführend das germanische Bild Satans. Wenn mir die Zeit zur Verfügung stünde, würde ich an dieser Stelle eine religionsphilosophisch-mythologische Deutung dieses Bildes predigen. Aber ich will mich auf das Wesentliche beschränken, um euch nicht übermäßig zu strapazieren. Der Menschensohn wird Schafe und Ziegen trennen. Das heißt, Er wird das Heidnische vom Christlichen lösen. Unter dem Deckmantel des Christentums steckt so viel Heidentum! Das alles muss fortgejagt werden! Es muss geschieden sein! Eines Tages wird es draußen sein!

Wir haben einen schönen Weihnachtsbaum. Ich freue mich darüber! Mir gefällt dieser Baum! Als er noch nicht dekoriert war, gefiel er mir noch besser. Aber dennoch: bei aller Schönheit dieses Baumes entspringt er der heidnischen Tradition. Wir haben so viel Heidnisches in unserem Leben, dass wir so manches sofort in Bausch und Bogen hinauswerfen könnten. Aber der Herr spricht: ***„Lasst beides miteinander wachsen bis zur Ernte."*** Unkraut und Weizen sind bis zur Reife fast gleich! Es ist kein großer Unterschied ersichtlich. Es ist jedenfalls nicht das sichtbar, was laut der Übersetzung von Martin Luther verständlich gemacht wird. Es gleicht nicht den Disteln, sondern dem Weizen!

Beides wächst aus und wird zur Erntezeit getrennt!

Nun bleibt die Frage offen, *wer* Unkraut von Weizen bzw. Ziegen von Schafen trennt? Der Herr Pastor? Der Herr Bischof? Der Herr Papst? Du oder ich? Nein! Die Engel Gottes nehmen diese Trennung vor! So spricht der Herr : **Und er wird seine Engel senden mit hellen Posaunen, und sie werden seine Auserwählten sammeln von den vier Winden, von einem Ende des Himmels bis zum andern (Mt 24,31).** Wir müssen das Gericht dem Herrn überlassen! So manche Ziege war ein Schaf und so manches Schaf eine Ziege.

John Wesley, der Begründer der weltweiten Methodistenkirche, berichtete einmal von einem furchtbaren Traum, der ihn unverhofft überkam. Beim Erwachen war er tief in seinem Inneren gewiss, dass er diesen Traum vom Herrn empfangen hatte. Darin nämlich befand er sich im Himmel, und, so sehr er sich auch bemühte, fand er dort nicht einen einzigen Methodisten oder **Anhänger des Methodismus**, der Religion, die er gegründet hatte, vor. Voller Schrecken wachte er auf. In seiner darauffolgenden Predigt verkündete er: „Wir werden uns eines Tages noch wundern, wen wir im Himmel vorfinden werden und wen nicht!" Ja, wir werden uns noch wundern! Die Methodisten wurden damals verfolgt. Sie nannten sich „die Heiligen der letzten Tage". Sie meinten, exklusive, besondere Menschen zu sein, die die Heiligung erfuhren und aufgrund ihres Erlebens überzeugte Gläubige wären.

Alle Völker werden vor Ihm versammelt sein, und die Wahrheit, ob über Ziege oder Schaf, wird offenbar. Beide werden an einem bestimmten **Kriterium** gemessen, und zwar nach dem bestehenden, einzig geltenden Gesetz, das die göttliche Norm bildet. Ich nenne es jetzt einmal die D-Norm. Sie ist etwas typisch Deutsches. Deshalb sollten das auch besonders gerade die Deutschen wissen. Wahrscheinlich wurde dieser Teil der Heiligen Schrift von Deutschen bzw. von Personen, in denen deutsches Blut floss, verfasst. Alles ist maßgerecht genormt.

Für Ziegen und Schafe gilt gleichermaßen das, was der König spricht, nämlich: *„Was ihr getan habt einem von diesen meinen geringsten Brüdern, das habt ihr mir getan."* (Siehe Mt 25,40b) Und dann: *„Was ihr nicht getan habt einem von diesen Geringsten, das habt ihr mir auch nicht getan."* (Siehe Mt 25,45b) Das heißt, wer einen der geringsten Brüder aufnimmt, nimmt Jesus auf, und wer ihn ablehnt, lehnt Jesus ab. Das ist das Kriterium, **die göttliche Norm**. So einfach ist das.

Je nachdem, wie unser Verhältnis zum Wort des Herrn ist, so ist unser Verhältnis zum himmlischen Vater. Wenn es stark ist, ist auch unser Verhältnis zu Ihm stark, und umgekehrt desgleichen: ist es schwach, so ist auch unser **Verhältnis zum himmlischen Vater** schwach. Selbst wenn wir noch so viel frommen Zirkus veranstalten würden, lauthals allerorts beten und permanent vom lieben Gott reden würden, nützte es absolut nichts! Jesus spricht die folgenden Worte aus, die geschrieben stehen, siehe hier: **Darum, wer diese meine Rede hört und tut sie, der gleicht einem klugen Mann, der sein Haus auf Fels baute (Mt 7,24).**

Frage dich selbst, wie viele Predigten du in deinem Leben gehört, verinnerlicht und befolgt hast. Wie viel hast du verstanden, umgesetzt und verwirklicht? Was hast du gelernt? Wie reif bist du geworden? Hast du dich bereits zum Schaf entwickelt oder bist du immer noch eine Ziege?

Es ist für mich manchmal ganz entsetzlich, die Christen und ihre Entwicklung zu beobachten! Es sieht ganz so aus, als wüssten sie nicht, dass sie einmal über alles Rechenschaft ablegen müssen; sowohl über das, was sie sagten als auch über das, was sie vernahmen. **Das klassische Beispiel einer Ziege und ihrer Verwandlung** in ein Schaf, finden wir im 1 Buch Mose Kapitel 16 vor. Hier geht es um die Magd Hagar. Diese ‚Ziege' wurde durch die unsichtbare Hand Gottes in ein ‚Schaf' – in ein Mutterschaf – verwandelt.

Der Herr kann uns umformen, wenn wir es nur zulassen! Auch heute Abend kann dieses **Wunder der Verwandlung in eine neue Kreatur** geschehen. Ich lese, was geschrieben steht, siehe hier: Sarai, Abrams Frau, gebar ihm kein Kind. Sie hatte aber eine ägyptische Magd, die hieß Hagar. Und Sarai sprach zu Abram: Siehe, der HERR hat mich verschlossen, dass ich nicht gebären kann. Geh doch zu meiner Magd, ob ich vielleicht durch sie zu einem Sohn komme. Und Abram gehorchte der Stimme Sarais. Da nahm Sarai, Abrams Frau, ihre ägyptische Magd Hagar und gab sie Abram, ihrem Mann, zur Frau, nachdem Abram zehn Jahre im Lande Kanaan gewohnt hatte. Und er ging zu Hagar, die ward schwanger. **Als sie nun sah, dass sie schwanger war, achtete sie ihre Herrin gering.** Da sprach Sarai zu Abram: Das Unrecht, das mir geschieht, komme über dich! Ich habe meine Magd dir in die Arme gegeben; nun sie aber sieht, dass sie schwanger geworden ist, bin ich gering geachtet in ihren Augen. Der HERR sei Richter zwischen mir und dir. Abram aber sprach zu Sarai: Siehe, deine Magd ist unter deiner Gewalt; tu mit ihr, wie dir's gefällt. Da demütigte Sarai sie, sodass sie vor ihr floh (1 Mose 16,1-6).

Sarai, deren Name, zeitgleich mit der Namensänderung Abrams in Abraham, vom Herrn in Sara verändert wurde, ist unfruchtbar! Dadurch durchleidet sie hier eine große Not. Was im vormals erwähnten Text geschieht, ist also eine Notlage. Nachdem Abraham die göttliche Verheißung empfängt, will Sara Gottes Willen tun, aber vertraut, im Gegensatz zu ihrem Mann, der sein ganzes **Vertrauen** auf den Herrn setzte, *nicht* darauf, dass sich die göttliche Verheißung ganz natürlich erfüllen könnte. (Siehe 1 Mose 18,12)

Aus ihrer Notlage heraus denkt, reagiert und handelt Sarai rational menschlich. Sie will die Wege Gottes abkürzen und sucht eine schnelle Lösung. Sie schaltet ihre Magd Hagar ein und weist sie an, dass sie sich mit Abram verbinden solle. (Siehe 1 Mose 16,3) **Hagar** wird schwanger. (Siehe 1 Mose 16,4a) Diese neue Situation macht sie stolz und überheblich. (Siehe 1 Mose 16,4b) Sie wird zu einer ‚Ziege‘. Hätte ihr Naturell nicht dem einer Ziege geglichen, wäre aus dieser ungöttlichen Lösung dennoch etwas Wunderbares entstanden!

Das ist eine solche Form der Züchtigung, wie die des Hirten, der dem Schäfchen das Bein brach. **Sarai** denkt etwa wie folgt: „Vielleicht nützt es etwas, wenn ich meine Magd ein wenig unter Druck setze und ihr somit zeige, wer hier die Herrin ist." Aber Hagar hält diesem Druck nicht stand. Sie läuft voller Rebellion davon.

Ziegen rebellieren immer. Sie meckern unaufhörlich, regen sich über alles auf, folgen partout nicht, lassen sich nicht führen und *werden* so auch nicht geführt. Nur unter größtem Widerstand lässt sich die Ziege auf die Weide zum frischen Gras führen. Sie muss quasi zu ihrem Glück gezwungen werden, gerade so, als ob es keine andere Möglichkeit als die der Züchtigung gäbe. Und so *ist* es auch. Der Herr weiß, wie Er mit den Ziegen fertig wird. Der Meister kann aus diesem eigensinnigen, verstockten und egoistischen Tier etwas ganz Wunderbares vollziehen. Gott kennt die rechte Behandlungsmethode, die ohne **Zerbruch** nicht möglich ist.

Aber zurück zur Geschichte der Hagar, die noch nicht zu Ende ist. Das Wesentliche ist noch nicht gesagt, sondern wird aus den Schriftstellen ersichtlich, die nunmehr folgen, siehe hier: **Aber der Engel des HERRN fand sie bei einer Wasserquelle in der Wüste, nämlich bei der Quelle am Wege nach Schur. Der sprach zu ihr: Hagar, Sarais Magd, wo kommst du her und wo willst du hin? Sie sprach: Ich bin von Sarai, meiner Herrin, geflohen. Und der Engel des HERRN sprach zu ihr: Kehre wieder um zu deiner Herrin und demütige dich unter ihre Hand. Und der Engel des HERRN sprach zu ihr: Ich will deine Nachkommen so mehren, dass sie der großen Menge wegen nicht gezählt werden können. Weiter sprach der Engel des HERRN zu ihr: Siehe, du bist schwanger geworden und wirst einen Sohn gebären, dessen Namen sollst du Ismael nennen; denn der HERR hat dein Elend erhört (1 Mose 16,7-11).**

Was für eine wundervolle Verheißung und Zusage des Herrn! Was könnte doch alles aus einem Menschen werden, würde er darauf achtgeben, was Gott zu ihm spricht und würde er ehrfürchtig und gehorsam sein, bereit dazu, auch einmal den *unteren* Weg zu gehen, sich zu demütigen und **die harte Behandlung** im Glauben zu erdulden! Der Engel des Herrn spricht: *„Kehre wieder um zu deiner Herrin und demütige dich unter ihre Hand.“*

Nichts ist leichter als den Weg des geringsten Widerstandes zu gehen. Jeder Depp vermag das. Dazu benötigt man weder einen hohen Intelligenzquotienten, noch den Herrn, noch Geistlichkeit. Aber um den schwierigen Weg – den sogenannten **„Weg dem Lamme nach“** – zu gehen, sich unterzuordnen und zu sagen: „Herr, ich gehe zurück und unterstelle mich der harten Behandlung der Sarai!“ und dann trotz der Schwierigkeiten Gehorsam zu üben, das bedarf viel, viel, viel Gnade von dem Herrn Jesus Christus!

Hagar empfängt eine wunderbare Antwort. Sie weiß jetzt: „Aus meinem Sohn wird etwas!“ Sie erfährt den Namen, den sie ihrem Kind geben soll: **Ismael**, d.h. „Gott hört“ oder auch „Gott sah mein Leid.“ (Siehe 1 Mose 16,11) Sie nimmt die Verheißung des Herrn in Empfang (Siehe 1 Mose 16,10) und entschließt sich, umzukehren. Gott sei Dank!, denn sonst hätten wir heute keine Ismaeliten im Nahen Osten.

Sobald wir beginnen dem Wort des Herrn zu gehorchen, also nicht etwa nur den bequemen Weg gehen und weglaufen sobald Schwierigkeiten auftreten, sondern sagen: „Herr, hier bin ich, bereit Dir zu dienen!“, kann Gott uns wunderbar formen und vollenden! Schafe lassen sich formen und erziehen. Sie lassen zu, dass ihnen ein Beinchen gebrochen wird, wenn es sein muss. Hagar macht einen solchen **‚Beinbruch‘** durch. Sie wird von Gott eines Besseren belehrt, lässt es zu, wodurch sich alles zum Guten wendet.

Denkst du nicht auch manchmal an deine vielen Knochenbrüche, geistlich formuliert, und sagst: „O Herr, Du brichst und brichst und brichst! Was bleibt denn noch übrig von mir?" Wir verstehen Gottes Wege nicht, dürfen jedoch keinesfalls mit Ihm hadern! Dadurch *verschlimmern* wir nur unsere Situation! Gott kennt uns und weiß, wie belastbar wir sind. Er will das Optimale aus unserem Leben herausholen! Seine Züchtigungen dienen unserer **Heiligung**. Bevor das aber geschehen kann, müssen die Hörner abgestoßen sein. Wir müssen ein Schaf geworden sein; ein Lamm, das zur Schlachtung geführt wird. Bist du schon ein solches Opferlamm?

Ziegen wurden vor langer Zeit auf andere Art geopfert. Damals nahm man zwei Ziegen und jagte sie als sogenannte Sündenböcke in die Wüste hinaus. Derjenige, der für diese Aufgabe bestimmt war, wurde sieben Tage für unrein erklärt. Deshalb beinhaltet die Eingangsschriftstelle das **Bild des Sündenbocks**, siehe hier: *„Geht weg von mir, ihr Verfluchten, in das ewige Feuer, das bereitet ist dem Teufel und seinen Engeln!"*

Es steht geschrieben: **Und wenn er die Entsühnung des Heiligtums vollbracht hat, der Stiftshütte und des Altars, so soll er den lebendigen Bock herzubringen. Dann soll Aaron seine beiden Hände auf dessen Kopf legen und über ihm bekennen alle Missetat der Israeliten und alle ihre Übertretungen, mit denen sie sich versündigt haben, und soll sie dem Bock auf den Kopf legen und ihn durch einen Mann, der bereitsteht, in die Wüste bringen lassen, dass also der Bock alle ihre Missetat auf sich nehme und in die Wildnis trage;**

und man schicke ihn in die Wüste (3 Mose 16,20-22).

Wie schnell können wir zum Sündenbock von irgendjemandem werden! Wir sehen hier, dass Hagar zu einem solchen Sündenbock wird, und zwar deshalb, weil sie sich sträubt, die Behandlung der Sarai zu erdulden. Sie wird stolz und überheblich, und sagt: „Jetzt bin *ich* hier die wichtigste Person bzw. die Frau Nummer 1!" Und schon wurde sie zum Sündenbock!

Falls auch *du* zu einem solchen Sündenbock wurdest, irgendwo in der Wüste steckst und dahinvegetierst, rate ich dir, umzukehren, und zwar bis dorthin, wo alles noch in Ordnung war in deinem Leben! Demütige dich vor dem Herrn, unterordne dich Ihm und sage: „Ja, Herr! Ich tue, was Du zu mir sprichst, auch wenn dieser Weg schwer ist. Ich weiß, dass Du mir beistehst und Gutes für mich bereithältst, auch wenn ich jetzt noch in der Wüste stecke!" Durch diese innere Haltung verkürzt du den leidvollen Weg von der Ziege zum Schaf! Sage: „Ja, Herr, ich will." Bedenke: Die Rolle des Sündenbocks in **Demut** einzunehmen, kann auch eine Möglichkeit des Überlebens sein!

‚Selbst Steine sprechen manchmal eine gewaltige Predigt'! Im Berliner Stadtteil Heiligensee befindet sich direkt am Eingang des Friedhofs ein **Grabstein** mit folgender Aufschrift: *Auch dieser war mit Ihm!* Sofort dachte ich an die Schriftstelle, wie folgt: *„Dieser war auch mit dem Jesus von Nazareth."* (Siehe Mt 26,71b) und war verblüfft. In Lindenberg im Allgäu befindet sich auf dem höchsten Punkt des Friedhofs ein Grabstein mit folgender Aufschrift: *Sein Leben war „Halleluja!"* Wahrscheinlich liegt dort Bruder Halleluja begraben. In der Westminster Abbey zu London befindet sich ein alter, verwitterter

Grabstein mit der Aufschrift: *„ Yes, Lord!"* Unter diesem Grabstein liegt also der Bruder Ja, Herr! Was wird wohl auf *deinem* Grabstein verzeichnet sein? „Halleluja!", „Auch dieser war mit Ihm" oder: „Yes, Lord"?

Gebet: Herr, nur Du kannst uns verändern. Du machst aus Ziegen Lämmer, aus Verlorenen Gerettete, aus Unglücklichen Glückliche, aus Traurigen Fröhliche, aus Toten Lebendige. Herr, Du willst uns verwandeln und hast nur einen Weg der Verwandlung: den Weg des Kreuzes. Nur über das Kreuz gelangen wir zum Leben! Heute Abend, Herr Jesus, wollen wir uns Dir einfach stellen. Wir bringen Dir unser Leben und sagen, gleich jenem Mann in England: „Yes, Lord! Ja, Herr!", auch wenn es manchmal sehr schwer, hart und unerklärlich ist. Du sprachst die folgenden Worte aus: *„ Was ihr getan habt einem von diesen meinen geringsten Brüdern, das habt ihr mir getan. "*

Herr Jesus, wir möchten nicht den Hohen, Gewaltigen und Mächtigen dienen, sondern in Ewigkeit Dir! Wir *finden* Dich bloß nirgendwo! Wir suchen immer bei den Großen, Besonderen und Verrückten, aber auf die Geringsten und auf das Geringe gehen wir nicht ein; wir entdecken es nicht. Deshalb bitten wir Dich heute Abend: Herr, gib uns einen Blick für das Geringe, für Deine geringsten Brüder und Schwestern, entweder, dass sie *uns* dienen oder dass wir *ihnen* dienen! Wir möchten einen Blick dafür bekommen und erkennen, *wer* es ist. Herr Jesus, ich frage Dich: „Wer *ist* der Geringste, der mir dienen will bzw. dem ich dienen soll?"

Herr Jesus, hilf uns, dass wir gar nicht erst lange suchen müssen, sondern Dir *gern* dienen, ganz unbewusst und selbstverständlich in der Lamm-Gottes-Natur, so, wie Du uns ein Beispiel gabst! (Siehe Joh 13,15) Ich danke Dir, Herr, dass Du uns heute Abend die Augen für die geistlichen, unsichtbaren Wirklichkeiten öffnest, denn Du siehst nicht darauf, was vor Augen ist, sondern darauf, was im Herzen ist. (Siehe 1 Sam 16,7b) Du siehst, wie es in unseren Herzen aussieht, o Herr.

Du prüfst die Gedanken, die Herzen, die Motive, die hinter jeglichem Tun stehen. O Gott, hilf, dass wir reine, klare Motive haben! *Dir* möchten wir dienen! *Dir* möchten wir gefallen! *Dir* möchten wir recht tun! Herr, es ist so leicht im Gebet ausgesprochen, aber wie schwer ist es getan! Wie schwer ist es, Dir wohlgefällig zu sein und es Dir recht zu machen! Herr, segne uns heute Abend! Ich möchte das Gebet freigeben. Wenn irgendwer hier ist, der beten möchte, darf das jetzt tun. Du darfst auch „Yes, Lord! Ja, Herr!" sagen. Gott segne dich! Amen

Teil 2

Predigt von Pastor Joh. W. Matutis

„Saat und Ernte"

Saat und Ernte

Dankt dem Herrn ein *Leben* lang!, und das nicht nur am Erntedanksonntag oder **Erntedankfest**! Wir wollen dem Herrn danken! Mein heutiges Thema lautet wie folgt: Saat und Ernte. Sowohl bei der Saat als auch bei der Ernte ist es wichtig, dass man den Herrn lobt und preist: „Herr, wir gaben Dir alles ab! Wir vertrauten Dir alles an!" Wachstum und Gedeih liegen in der Hand des Herrn. Preis Gott!

In teuren Zeiten ist es natürlich nicht leicht, zu danken. Wenn ich nur an *unsere* Zeit denke! Man muss sparen und sogar frieren für die Demokratie, für die Freiheit u.v.m. Nein! Wir wollen dem Herrn danken, und das auch in schwierigen Zeiten, auch dann, wenn wir frieren und bibbern. Wir ziehen uns warm an. Das teile ich euch in aller Liebe mit.

Mein Einstiegsvers lautet wie folgt: Es steht geschrieben: **Die mit Tränen säen, werden mit Freuden ernten (Ps 126,5).** Wir sollen also in schwierigen Zeiten säen und arbeiten. Wenn wir dem Herrn danken, bestätigen wir Gott: „Danke für das Bisschen, was wir haben!" sowie: „Danke für die Krümel, die von des Herrn Tisch fallen." (Siehe Mt 15,27) Auch *dafür* wollen wir dankbar sein! Einfach den Herrn bestätigen durch Danken: „Herr, Du machtest es gut! Wir wurden satt!" Wenn ich nur daran denke – wir haben alles, was wir brauchen: Äpfelchen, Kürbisse u.v.m. Davon kann man ein gute Suppe bereiten und wunderbar leben!

Jammern verdirbt unser Leben. Das beste **Mittel gegen Jammern** ist das Danken! Das stelle ich ganz besonders den Deutschen anheim, die Experten und Profis im Jammern und Klagen sind. Uns geht es immer noch gut! Betrachte die ehemalige DDR. Was wurde aus ihr? Obwohl dort anfangs so viel Rost und Unrat war, erholten wir uns doch! Und wir leben! Der Herr trägt uns allerorts durch!

Dankbare Menschen jammern nicht. Ich möchte euch umstimmen, umpolen und positiv stimmen. Danke dem Herrn für alles! Danke Ihm dafür, dass du noch leben darfst! Viele sind schon verstorben und uns vorausgegangen, aber ich lebe immer noch und diene dem Herrn. Er möchte uns helfen, unser Leben positiv zu sehen und zu danken! *„Danke für diesen Morgen!"* Dieses Lied hörten wir. Danke für die Musik! Danke für die Familie! Danke für die Arbeit und dafür, dass das Arbeiten überhaupt noch möglich ist, wir nicht arbeitslos sind und betteln müssen. Es steht geschrieben: **Und sagt Dank Gott, dem Vater, allezeit für alles, im Namen unseres Herrn Jesus Christus (Eph 5,20).** Das heißt, dass wir auch für das Schlechte danken sollen, für das, was uns *nicht* schmeckt: die bitteren Kräuter. **Die bitteren Kräuter** sind wichtiger als die süßen, die aus Süßholz geraspelt sind.

Der Apostel Paulus sprach, was nachfolgend geschrieben steht: **Sorgt euch um nichts, sondern in allen Dingen lasst eure Bitten in Gebet und Flehen mit Danksagung vor Gott kundwerden! (Phil 4,6)** „Danke, Herr, dass Du existierst, dass ich Dein Kind bin, dass ich mit Dir sprechen und Dir alles anheimstellen darf!" Durch **Danksagung** wird uns der Einstieg zum Herrn geebnet. Danken ist eine Haltung des Herzens und des Geistes. *„Sagt Dank Gott, dem Vater, allezeit für alles"*, also auch für das, was wir *nicht* mögen.

Loben und Danken erfreut das Herz! Die Anbetung Gottes stärkt die Seele! Je mehr ich den Herrn in Dankbarkeit anbete, desto fröhlicher, glücklicher und gesegneter kann ich sein! Erntedank bringt Lob hervor. Dieses Loben führt zur Anbetung: **„Vater, ich danke Dir!"** Damit verehre ich den Schöpfer! „Herr, das alles hast Du für mich getan!"

Letzten Sonntag besuchte ich eine Kirche, in der das Erntedankfest stattfand. Heute feiern wir es, und mein Schwiegersohn in seiner Gemeinde in Trossingen feiert es *nächstes* Wochenende, weil heute dort ein Taufgottesdienst stattfindet.

Wahre Anbetung ist eine Lebensweise, eine innere Haltung, eine gesunde Einstellung! Wenn wir dem Herrn danken, beginnen wir damit, auch den *anderen* Menschen dafür zu danken, dass sie noch existieren, dass wir einander ein Stück weit begleiten, dass wir Gemeinschaft pflegen usw. Sobald wir dem Schöpfer danken, danken wir auch dem Geschöpf. Wir danken der Pflanze und dem Baum: „Baum, du warst wirklich fruchtbar! Der Herr segnete dich reichlich!" Das ist eine gesunde Einstellung, aus der eine heilende Wirkung erwächst.

Menschen, die nicht danken, sind krank. Betrachte sie! Sie murren, sind grimmig, grantig und böse. Dankbare Menschen sind entspannt. Das Folgende werde ich nie vergessen: Als ich als junger Pastor in Süddeutschland, vor allem nahe der Region Stuttgart, arbeitete, gaben die Großmütter **Zeugnis**. Sie sagten Worte wie: „Ich danke dem Herrn, dass es mir noch gelingt, jeden Morgen aufzustehen und meine Arbeit zu verrichten!" Damals verstand ich es nicht, ich hörte nur zu, aber heute weiß ich, dass das nicht selbstverständlich ist.

Eine würdige Anbetung wirkt Wunder. Sie bewirkt unser **Wohlbefinden**. Wer dankt, wird gesund! Wenn du krank bist, beginne damit, dem Herrn zu danken! Danke Ihm aber auch dafür, dass es Ärzte gibt. Stell dir einmal vor, es gäbe keine Ärzte, keine Arznei u.a. Es ist dir außerdem gestattet, den Telefonhörer abzunehmen und ärztliche Hilfe in Anspruch zu nehmen.

Der Mangel an Dankbarkeit beeinträchtigt unsere **Gebete**. Wenn du als Bettler, Kritiker und Nörgler vor den Herrn trittst, wird dein Gebet nicht erhört. Es steht geschrieben: **Kommt vor sein Angesicht mit Frohlocken! (Ps100,2b)** „Danke, Vater im Himmel, dass Du mich allezeit hörst, dass Du immer für mich da bist, dass Du mein Gebet vernimmst!" Ersetze dein Mitleid und deinen Mangel durch Lob und Dank! Danke dafür, dass es dir noch gelingt, zu schlucken und dieses und jenes zu verrichten!

Auf dieser Welt unterliegt das Leben dem Negativen. Die Menschen jammern und klagen laut: „Es wird bald kein Öl, kein Gas und keinen Strom mehr geben! Bald wird alles überteuert sein!" Alles muss irgendwie erarbeitet und erwirtschaftet werden. Oft bedenken wir nicht, *wie* etwas zustande kam, wie viel Arbeit es macht, ein Äpfelchen, eine Karotte oder eine Kartoffel zu ziehen. Du musst für **Wachstum und Gedeih** sorgen und beten: „Himmlischer Vater, schicke Regen, damit nicht alles eingeht, verdorrt und vertrocknet!“ Im vorigen Jahr gab es vierzig heiße Tage, sodass sogar die Flüsse austrockneten! Danke dem Herrn!

Alles auf dieser Welt ist dem Gesetz von Saat und Ernte unterworfen. Ich möchte diese Predigt dafür nutzen, zu verkündigen, wie wichtig das ist! Doch was nützen mir Saat und Ernte, wenn der **Segen Gottes** nicht darauf ruht! Wir brauchen den Segen Gottes auf allen unseren Wegen!

Als einst ein Schotte nach Neuseeland übersetzte, trug er ein Päckchen Distelsamen mit sich im Gepäck, denn dieses Land kannte keine Disteln. Er streute diese Samen aus und nun ist nahezu das ganze Land von Disteln verseucht. Wie schnell breitet sich das Negative aus! Von **Dornen und Disteln** las er in der Heiligen Schrift und sann darüber nach, dass die Norweger sie nicht kennen würden. Er säte sie aus und setzte dadurch den Bewohnern des Landes übel zu. Das ist Satan! Er versucht auch in unserem Leben sein Saatgut zu verbreiten! Dornen und Disteln! Er vergiftete mit dem Unkraut das ganze Land der Neuseeländer! Unkraut wächst von selbst, ohne dass es durch Menschenhand bewirkt wird! Der Herr teilte den Neuseeländern *kein* Unkraut zu! Der *Schotte* säte es aus!

Im **1 Buch Mose Kapitel 1** lesen wir, was der Herr sprach, nachdem Er das Schöpfungswerk vollzogen hatte. Es ist so wichtig, dass wir das Folgende wissen: Der Herr schuf die Welt im Kleinen. Nur das **Paradies, das kleine**

Bisschen, schuf Er! Aus diesem Paradies wurde alles; das ganze Leben wurde zu Gartenland! Hier finden wir das Gesetz von Saat und Ernte.

So spricht der Herr: „Es lasse die Erde grünes Gras sprießen, und Gewächs soll den Samen tragen, fruchtbare Bäume, jeder nach seiner Art, soll Früchte bringen, in welcher ihr Same ist", wie geschrieben steht, siehe hier: **Und Gott sprach: Es lasse die Erde aufgehen Gras und Kraut, das Samen bringe, und fruchtbare Bäume, die ein jeder nach seiner Art Früchte tragen, in denen ihr Same ist auf der Erde.** Und es geschah so **(1 Mose 1,11).** Hier ist das Gesetz von Saat und Ernte verwirklicht! In jedem Apfel, in jedem Kürbis, in jeder Gurke ist immer ein Samenkorn enthalten. Dieses eine Samenkorn bringt mannigfach Frucht. Wir sind dazu berufen, den Samen auszustreuen, auch auf geistlicher Ebene, d.h., wir sollen missionieren und wirken! Und weiter lesen wir: Und die Erde brachte hervor Gras und Gewächs, das Samen trägt, jedes nach seiner Art, und Bäume, die Früchte bringen, in welchen *auch* ihr Same enthalten ist, wie geschrieben steht, siehe hier: **Und die Erde ließ aufgehen Gras und Kraut, das Samen bringt, ein jedes nach seiner Art, und Bäume, die da Früchte tragen, in denen ihr Same ist, ein jeder nach seiner Art.** Und Gott sah, dass es gut war **(1 Mose 1,12).** Der Herr sorgt für den Samen! Er sorgt nicht für das Gemüse, sondern für den Samen!

Als ein kleiner Junge einkaufen ging, las er folgendes Angebot am Schaufenster: „Wir verkaufen vielerlei Sorten Obst und Gemüse!" Doch als er das Geschäft betrat, wunderte er sich, weil weder Obst noch Gemüse noch *anderes* ersichtlich war. Die Verkäuferin sprach ihn an: „Junge, wir verkaufen nur den *Samen*."

Erst *nachdem* wir das **Gesetz von Saat und Ernte** richtig verstanden haben, ist es uns möglich, es auf allen Gebieten unseres Lebens zur Anwendung zu bringen. Gottes Wege verstehen wir dann, wenn wir wissen: „Ich muss zuerst einmal etwas säen, um etwas zu empfangen. Wenn ich nichts tue, findet nichts statt. Von nichts kommt nichts.“

Gottes Wirkungsweise basiert auf dem Gesetz von Saat und Ernte. Wenn du etwas haben willst, säe und pflanze und du wirst es ernten. Als ich ein kleiner Junge war – damals lebte ich in der Sowjetunion – pflegte ich eine freundschaftliche Beziehung mit einem Kind, das in England wohnte. Es schickte mir ein **Zinkauto**, über das ich mich damals sehr freute! Ich begrub es im Garten, bewässerte es regelmäßig und glaubte fest daran, dass es sich vermehren würde! Aber da nichts wuchs, grub ich es wieder aus. Manchmal denken wir, dass aus toter Materie, die man vergräbt, etwas erwächst! Es muss *fruchtbarer* Same eingepflanzt werden, in dem Leben, Dynamik und der Segen Gottes enthalten ist!

In einem **Pharaonengrab** fand man eine ägyptische Königin, die in ihrer Hand fünf Weizenkörner hielt. Man öffnete ihre Hand, entnahm die Körner, befeuchtete sie und erweckte sie zum Leben. Kannst du ermessen, was während eines Zeitraumes von fünftausend Jahren aus diesen fünf Weizenkörnern geworden wäre, hätte man sie in die Erde eingepflanzt und wären sie nicht nur in der Hand der Mumie verpackt geblieben? Eine immens große Zahl an Zugwagons, die um die ganze Erde reichten, hätte man mit diesem Ertrag füllen können! Aber so *war* es nicht! Die Pharaonin hielt den Samen in ihren Händen fest! Wenn wir den Samen nicht loslassen und aussäen, passiert nichts! Deshalb gilt: *Saat* und Ernte – beides gehört zusammen!

Als der Herr durch die Sintflut Noah gerettet hatte, die Arche auf den Boden sinken und den wunderbaren Regenbogen aufgehen ließ, den ihr heute Morgen in Berlin saht, opferte Noah Brandopfer auf dem Altar, und Gott vernahm, dass dieser Geruch wunderbar und wohlgefällig war. Da sprach der Herr in Seinem Herzen und zu Noah: „Nicht noch einmal, will ich den Erdboden verfluchen um des Menschen willen. Von nun an und alle Tage der Erde soll nicht aufhören Saat und Ernte, Frost und Hitze, Sommer und Winter, Tag und Nacht", wie geschrieben steht, siehe hier: **Noah aber baute dem HERRN einen Altar und nahm von allem reinen Vieh und von allen reinen Vögeln und opferte Brandopfer auf dem Altar. Und der HERR roch den lieblichen Geruch und sprach in seinem Herzen: Ich will hinfort nicht mehr die Erde verfluchen um der Menschen willen;** denn das Dichten und Trachten des menschlichen Herzens ist böse von Jugend auf. **Und ich will hinfort nicht mehr schlagen alles, was da lebt, wie ich getan habe. Solange die Erde steht, soll nicht aufhören Saat und Ernte, Frost und Hitze, Sommer und Winter, Tag und Nacht (1 Mose 8,20-22).** Es soll nicht aufhören Saat und Ernte! Es hat also Bestand so lange sich die Erde dreht!

Jede Frucht trägt ihren Samen in sich. Säst du Äpfel, wächst ein Apfelbaum, säst du Karotten, wachsen Karotten usw. Ich hatte noch **Saatgut** zu Hause, das mir meine Frau hinterließ, und ich dachte so bei mir: „Diese Pflanzensamen sind schon fünf Jahre alt, ob sie wohl aufgehen werden?" Ich streute sie einfach aus und siehe, sie wachsen und gedeihen!

Wir müssen nur säen! Etwas zu säen ist unser **Auftrag**! Der Herr stellt uns das Saatgut anheim und verleiht uns die Möglichkeiten, aber wir müssen sie nützen und etwas daraus machen! Jeder Same hat seine Bestimmung gemäß seiner Art! Ja, Fortpflanzung: Man erntet immer nur dann, wenn man sät. Wenn die Aussaat nicht erfolgt, wächst nichts. Wir müssen etwas riskieren, denn das Wort des Herrn, welches gemäß der Überlieferung aus der Heiligen Schrift offenbar wurde und nachfolgend niedergeschrieben ist, lautet wie folgt: **Wahrlich, wahrlich, ich sage euch: Wenn das Weizenkorn nicht in die Erde fällt und erstirbt, bleibt es allein; wenn es aber erstirbt, bringt es viel Frucht (Joh 12,24).**

Der Same, egal welcher Art, hat **Sprengkraft** in sich, so klein er auch sein mag! Ich bin manchmal verblüfft, wie klein der Same von Radieschen o.Ä. ist! Aber darin ist Leben enthalten sowie Farbe, Bestimmung und alles Weitere!

Was du säst, erntest du. Das teile ich dir in aller Liebe mit. Das ist ein Gesetz Gottes und keine Erfindung von irgendeiner Person. Diesem Fakt liegt eine Bestimmung des Herrn zugrunde! Der „Same des Streites" auch. Ein Sprichwort lautet wie folgt: „*Wie man in den Wald hineinruft, so schallt es heraus.*" Streit zieht abermals Streit nach sich. Liebe desgleichen, Traurigkeit auch, usw. Gemäß unserer Saat ernten wir.

Neulich sprach ich über das Reden. Das Reden ist wichtig! Es ist wichtig, positiven Samen in diese Welt auszustreuen! Alles beruht auf dem **Prinzip von**

Saat und Ernte. Wir ernten immer das, was wir säen. Das gilt im Kleinen, im Großen, im Privaten und auch im Finanziellen. Als ich in der Lehre war, wollte ich, wie alle anderen auch, schnell reich werden. In meinem Betrieb fragte man mich, ob ich mich nicht auch am Lottospielen beteiligen wolle. Unsere Clique gewann auch wirklich einmal etwas, wenn auch nur jeder eine kleine Summe ausgezahlt bekam. Sie sagten dann: „Hättest du mehr investiert, so hättest du mehr zurückerhalten!" Die Summe, die du einzahlst, bekommst du zurück. Wenn du nur zehn Prozent einzahlst, erhältst du auch nur zehn Prozent zurück. Wenn du zwanzig Prozent einzahlst, erhältst du zwanzig Prozent zurück, usw.

Damals, in den fünfziger Jahren, gab es in der Sowjetunion eine große Not. Die Leute pflanzten Kartoffelschalen ein und später wunderten sie sich, dass die Ernte so misslich war. Wir gehörten *auch* zu dieser armen Bevölkerung dazu. Wo auch immer sich ein Trieb in der Kartoffel befand, spalteten wir sie und gruben sie im Erdboden ein. Dadurch war unser Ertrag reicher als der der anderen. Wenn du Kartoffelschalen säst, *erntest* du Kartoffelschalen. So ist das Leben. Gemäß unserer Ernte fällt der **Ertrag** aus. Jede Pflanze bringt ihre Art hervor. Ein Kürbissame bringt Kürbisse hervor. Ein Tomatensame bringt Tomaten hervor. Kühe gebären Kälber und keine Pferde, Esel oder dergleichen. Aus Bienen schlüpfen Bienen. Katzen gebären Kätzchen. Hunde gebären Welpen, und zwar *„ein jeder nach seiner Art"*. Menschen bringen Menschen hervor. Aus Erbsen sprießen Erbsen. Was du säst, erntest du, ganz gleich, *was* es ist. Das ist einerlei.

Die **Prinzipien des Lebens** sind das Saatgut selbst. ‚Sie beginnen in einem Samenkorn zu treiben.' Erst musst du etwas säen, dann vermagst du es zu ernten. Manche möchten etwas ernten, ohne gesät zu haben. Das gibt es nicht! Du musst zuerst einmal säen! Die Ernte steht am *Ende* dieses Prozesses.

Ich will euch ein paar ernste Worte verkündigen. Das bewegt mich sowohl hier in dieser Gemeinde als auch allerorts, grundsätzlich. Es steht geschrieben: **Irret euch nicht! Gott lässt sich nicht spotten. Denn was der Mensch sät, das wird er ernten (Gal 6,7).** Das heißt so viel wie: „Macht euch nichts vor!" So viele Menschen machen sich etwas vor! Gott lässt keinen Spott mit sich treiben. Jeder erntet gemäß seiner Aussaat. Wir ernten in unserem Leben ausschließlich das, was wir in unserer Jugend und Kindheit, während der Schulzeit und im Erwachsenenalter säten.

Deshalb, macht euch nichts vor! Denke nicht etwa: „Jetzt bekehrte ich mich! Jetzt wird alles anders werden!" Nein! Auch mit der Bekehrung hört es nicht auf! Flüche müssen gebrochen werden durch die Gnade Gottes und durch die Kraft des Heiligen Geistes! Viele machen sich etwas vor. Sie wundern sich, sind entsetzt und fragen sich: „**Was ist mit mir los? Ich bin doch bekehrt! Ich bin doch sogar mit dem Heiligen Geist erfüllt! Aber ich bin krank! Warum?**" Weil du Krankheit sätest und in die Welt riefst, dich überfordertest u.v.m.

Was auch immer alles im Leben passiert und sich ereignet, ob schlecht, gut oder miserabel, der Herr spricht, dass Er sich nicht spotten lässt! Der Herr lässt sich nichts vormachen; X für Y. Was ist, das ist. Wir müssen Buße tun! Wir müssen sagen: „**Lieber Heiland, ich habe Dummheiten gemacht. Ich nahm ‚Kredit**

bei der Bank Satans'. Lieber Heiland, bitte trage diesen Kredit ab." Dann wird es wieder besser werden! Der Heiland hilft, aber Er will angerufen und darum gebeten werden.

Viele Gläubige, die während der vielen Jahre, denen ich den Menschen diene, bei mir in der Seelsorge waren, beschweren sich: „Ich bin ein guter Mensch, der schon seit beinahe sieben Jahren bekehrt ist, aber ich muss so viel Negatives erdulden und ertragen! Was stimmt mit mir nicht?" Du musst **Buße** tun! Wir müssen jeden Tag Buße tun! Wir müssen umkehren, unser Leben verändern, den Teufelskreis durchbrechen und ‚aus der Teufelsküche heraustreten'!

Warum geht es guten Menschen so schlecht? Fragst du dich das auch? Sie fragen sich: „Was muss ich alles erdulden und ertragen? Irgendwann in der Kindheit, vielleicht in der Schule, fiel etwas Negatives vor. Vielleicht verfluchten sie die Eltern oder den eigenen Geburtstag. **Hiob** tat das! Er sprach Worte wie: **„Wäre ich bloß nicht geboren!"** u.v.m. (Siehe Hiob 3,1-5) Daraufhin machte er die Hölle durch! Oder, von **Jeremia**, dem weinenden Propheten, der fortwährend jammerte und klagte, heißt es: „O Gott, wäre ich bloß nicht geboren!" (Siehe Jer 20,14a) Das sind Flüche! Was wir aussprechen, findet statt! Freue dich, dass du Geburtstag hast, dass du glücklich bist, dass es mit dir weitergeht und der Herr dich durchträgt.

Sei nicht erstaunt, denn das Leben, die Natur, die Wirklichkeit sowie unser Dasein, vertragen keinen Spott! Was du hinausrufst, das sind **Befehle und Bekenntnisse**. Höre die Predigt von gestern an. *(Siehe Predigt: „Wie dient man*

Gott" vom 01.10.2022) Der Körper, die Gesundheit, die Organe, die Elemente wie Wind, Wetter, Wasser und Feuer, die Finanzen, unsere Kräfte u.v.m., vertragen keinen Spott! Sie sind sehr empört darüber, weil sie eine Leihgabe des Herrn sind. Du solltest Loben! Lobe dein Herz! Lobe deine Nieren! Lobe deine Leber! Danke dafür, dass deine Leber noch funktioniert!

Ein Jugendprediger und Evangelist aus Erfurt hielt einmal eine tolle Predigt ab. Das war zur Zeit, da die DDR noch bestand. Er sprach: „Ich will dem Herrn danken für meinen Eingang und für meinen Ausgang, für mein Essen und dafür, dass ich noch schlucken kann; und für meinen Stuhlgang. Darüber *sprach* er! Du solltest deinen Eingang und deinen Ausgang segnen! Der Herr tut das! Damit meine ich nicht, dass du zur Tür ein- oder ausgehst, sondern ich meine deinen Körper, der ‚ein Tempel des Heiligen Geistes' ist. (Siehe 1 Kor 6,19a) Das war eine gewaltige Predigt, die mich faszinierte! **„Herr, segne meinen Eingang und meinen Ausgang!"** Wir müssen *richtig* verstehen, um was es geht, was es auch immer betrifft.

Die Menschen und die Umstände lassen keinen Spott zu, auch die Gesellschaft nicht, wenn wir auf irgendetwas schimpfen, grottig oder missgestimmt sind. Sei also nicht entsetzt, wenn du das zurückerhältst, was du aussätest! Der Same geht auf! Dann fällst du vielleicht wie aus allen Wolken uns sagst: „Was ist mit mir los?" Du bist perplex! Du bist erstaunt! „Was erhalte ich hier alles? Das verdiene ich doch gar nicht! Ich bin doch bekehrt!" Die Bekehrung ist nur der erste Schritt! Erst wenn du im Himmel bist, wirst du von Jesus angenommen, der spricht: „Mein Kind, komm heim! Komm heim!" Dann empfängst du alles.

Hier ist unser Wandel im Leib, im Fleisch, im natürlichen Leben. Wir müssen den Herrn um Segen bitten: **„Gott, stehe mir bei!"**

Wir dürfen nichts annehmen, was nicht gesegnet ist. Stell dir nur einmal vor, der Herr führe *nicht* aus, um was du Ihn batest. Würde Er nicht segnen, was du ausgesät hast, wäre Er nicht Gott! Er wäre nicht gerecht. Es wäre nicht normal, wenn dein **Saatgut** nicht aufgehen würde. Stell dir einmal vor, du säst Karotten und erntest Kartoffeln. Du würdest sagen: „Herr, bist Du verrückt? Was ist mit Dir los?" Würden Kühe anstatt Kälber Fohlen bekommen, und Pferde anstatt Fohlen Kälber, wäre das nicht normal. Da würde irgendetwas nicht stimmen! Danke dem Herrn, dass alles ganz normal in deinem Leben abläuft. Ich bin dem Herrn dankbar dafür, dass alles ganz normal abläuft bei mir. Es wäre merkwürdig und entsetzlich, wenn nicht aufgehen würde, was ich säte! Ich würde sagen: „Herr, vergiss es!" Danke dem Herrn dafür, dass dein Saatgut aufgeht!

Deshalb beginne, positiv zu proklamieren! Ja, es wäre schön, wenn du das alles so machen würdest. Denn es ist immer noch so, wie es in der Heiligen Schrift geschrieben steht: Du erntest, was du säst. Würde es sich *nicht* so verhalten, könnte der Herr damit aufhören, Gott zu sein. Das wäre nicht realistisch und auch nicht gesetzlich. Wenn wir positiv beten und den Herrn proklamieren, stellt sich das Gute ein. – Wir beteten für deine Frau und ihr geht es jetzt gut, nicht wahr? – Wir sollen füreinander beten und nicht übereinander schimpfen. Der Herr bewirkt es dann auf Seine Art und Weise. *Gott lässt sich nicht spotten.* Das ist so schön zu wissen während des Gebets!

Man wird immer so behandelt, wie man *andere* behandelt. Das ist normal. Es wäre merkwürdig, wenn es *nicht* so wäre. Ich würde sagen, da stimmt etwas nicht zwischen Erde und Himmel. ***„Wie man in den Wald hineinruft, so schallt es heraus.“*** Wenn plötzlich Nachtigallen zwitschern würden nachdem ich in den Wald hineinrief oder eine Blaskapelle erschallte, würde ich sagen: „Da stimmt etwas nicht!“ Aber, preis Gott, meine Stimme hallt erhöht aus dem Wald *wider*! Wir sollen uns nicht täuschen, irreführen, betrügen oder blenden lassen! Noch einmal, in der Bibel ist aufgezeigt: *Gott lässt sich nicht spotten.* (Siehe Gal 6,7b)

Unser Erfolg, unser Leben, unser Alltag – wenn wir das einmal verstanden haben – wird von unserem Saatgut bestimmt und beeinflusst, von unserer Erkenntnis, von unserer Entscheidung, von dem, was unser Leben ausmacht. Das ist wie bei einem Computer. Was du einspeicherst, empfängst du. Vor dreißig Jahren kaufte ich mir einen schönen **Computer**, der mich etwa zehntausend D-Mark kostete. Man sagte mir, dass der Computer alles vermögen und wiedergeben würde. Da es sich nicht so verhielt, sprach ich beim Verkäufer vor und wollte ihn reklamieren. Ich rief aus: „Nehmen Sie dieses Gerät wieder zurück. Es bringt nichts.“ Der Verkäufer machte mir daraufhin bewusst, dass ich zunächst einmal den Computer einprogrammieren sowie etwas einspeichern müsse. Wenn du nichts eingibst bzw. säst, empfängst du nichts! Je mehr du eingibst, je mehr du speicherst, je mehr du deinen Computer nährst, desto mehr profitierst du auch!

Es steht geschrieben: **Aber der Tröster, der Heilige Geist, den mein Vater senden wird in meinem Namen, der wird euch alles lehren und euch an**

alles erinnern, was ich euch gesagt habe (Joh 14,26). Der Heilige Geist ist unser Computer. Er bringt uns die Information, die wir benötigen, zurück! Doch wenn du nichts eingibst, keine Predigt vernimmst, dich nicht mit dem Wort Gottes befasst und kein Zeugnis hörst, wird dir nichts zurückgegeben werden! Je mehr du hörtest, desto mehr vermagst du zu reproduzieren und wiederzugeben. So viele Christen sind selbst daran schuld, dass sie armselig sind und dass in ihrem Leben nichts passiert. „**Konsumiere! Speichere ein!**" Das vollzog ich. Jetzt habe ich inzwischen schon den soundsovielten Computer. Immer wieder übernahm ich die Festplatte. Es geht weiter. Wenn wir das nicht vollziehen, gelangen wir zu falschen Resultaten, Ergebnissen und Zahlen. Der Blechkasten spuckt alles aus. Er ist töricht. Du musst zuvor **gute und positive Daten** eingeben.

Falsche Lehren produzieren falsche Gedanken, falsche Taten und falsche Ergebnisse. Wenn du etwas **Vergiftetes** einnimmst, vergiftest du dich. Gib acht, *was* du ein- und aufnimmst! Ein falscher Anfang führt zu falschen Ergebnissen und Abschlüssen. Jesus sprach einmal ein Gleichnis, das an den Schotten angelehnt ist, der in Neuseeland Unkraut säte. (Siehe Mt 13,24-28a) Als der Bauer – das Volk der Neuseeländer – schlief, streute der Feind seine Disteln und Dornen aus. Auf einmal war der Teufel los! Man fragte: „Wie kommt das?" Irgendjemand streute diesen Samen aus!

Wenn wir unsere Arbeit niederlegen, arbeitet der Feind. Gestern sprach ich ein Statement aus, das Gott mir einst in Barcelona offenbarte. Während ich in meinem Wohnwagen schlief, sprach der Herr plötzlich zu mir – ich weiß eigentlich nicht genau, wie es zu dieser Inspiration kam – das Folgende: „**Wenn**

der Hirte schläft, kommt der Wolf.“ Und genauso verhielt es sich dann auch in meinem Leben. Als ich nicht aufpasste, als ich den Urlaub genoss, als ich mir eine Auszeit gönnte, kam der Wolf. Sobald wir passiv sind, wird unser Widersacher aktiv und ‚das Unkraut wächst‘. Ein Schotte dringt in Neuseeland ein.

Heute wird durch die verschiedenen **Medienkanäle** sehr viel gesät! Satan schläft nicht! Du hörst so viele Nachrichten. Jetzt findet auf politischer Ebene dieses und jenes statt. Womöglich stehen wir vor einem Atomkrieg. Satan sät Angst in unsere Herzen. Im Wort Gottes ist das Folgende aufgezeigt: „Fürchtet euch nicht.“ Ganz gleich, was es ist oder von wem es kommt, selbst wenn ein Komet auf dich zufliegen würde, sage: „Danke, Herr! Ich fürchte mich nicht! Meine Seele ist in Deiner Hand und nichts kann mich aus Deiner Hand reißen!“

Vor Jahren wollte ich nach Kanada auswandern. Damals lebten wir noch in Heilbronn unterhalb der Waldheide der Amerikaner-Kaserne. Dort waren die **Pershing-Raketen** stationiert, also die Erstschlagwaffen! Wenn irgendwo in der Welt eine sowjetische Rakete hochgestiegen wäre, hätte die Bevölkerung in Heilbronn nur noch acht Minuten zum Überleben Zeit gehabt! Deshalb wollte ich auswandern. Der Herr sprach zu mir durch ein Wort aus dem Mund des Propheten Jesaja: „Selbst wenn das Feuer“ – die Kraft der Atombombe – „die Steine aufleckt, halte ich deine Seele in meiner Hand fest. Ich werde nicht zulassen, dass der Gerechte sein Grab bei den Ungerechten findet.“ (Siehe Jes 9,4-6) Ich vertraute dem Herrn, blieb in Heilbronn und diente weiter. Im Jahr 1988 siedelten wir nach Berlin um. Die Leute in Süddeutschland sagten: „Bruder Matutis, wurdet ihr strafversetzt?“ Berlin wurde damals als „Insel im

Roten Meer" bezeichnet. „Seid ihr etwa strafversetzt?" Nein, wir *wollten* es und wir *entschieden* uns, dorthin zu gehen! Wir fürchteten uns nicht. Warum? Weil wir allzeit wissen: **Der Herr ist mit uns!** Deshalb gelingt es, zu danken, selbst wenn das Schlimmste passieren würde. Rufe aus: „Ich fürchte mich nicht! Meine Seele ruht in Gottes Hand!" Der Herr sorgt für Sein Volk; für Seine Kinder.

Heutzutage wird der Mensch von so vielen Medien-Einflüssen beherrscht. Vor zweitausend Jahren verhielt es sich noch *nicht* so. Betrachte **die multikulturelle Gesellschaft** heutzutage! Es gibt unzählige Meinungsmacher, die versuchen, dich zu manipulieren! Lass dich nicht beeinflussen! Habe deine *eigene* Meinung, *dein* Saatgut, das Wort des Herrn, wie geschrieben steht, siehe hier: **Dein Wort ist meines Fußes Leuchte und ein Licht auf meinem Wege (Ps 119,105).**

Proklamiere, was nachfolgend geschrieben steht: **Der Herr ist mein Hirte, mir wird nichts mangeln. Er weidet mich auf einer grünen Aue und führet mich zum frischen Wasser. Er erquicket meine Seele. Er führet mich auf rechter Straße um seines Namens willen. Und ob ich schon wanderte im finstern Tal, fürchte ich kein Unglück; denn du bist bei mir, dein Stecken und Stab trösten mich (Ps 23,1b-4).** Ich lebe gelassen und bin getrost.

Du solltest das **Wort des Herrn als Saatgut** haben! Lies es, fülle dein Leben damit aus und ‚speichere es in deinen Computer' ein! David ermannte in Gott.

Halleluja! Er wurde stark im Herrn! (Siehe 1 Sam 30,6b MENG) Falls du vielleicht auch so ein Weichling und Feigling bist, ermanne in Gott! Sprich: „Es steht geschrieben: Wohlan, lobet den HERRN, alle Knechte des HERRN, die ihr steht des Nachts im Hause des HERRN!" (Ps 134,1b) Und fahre fort: „Lobet den HERRN, denn der HERR ist freundlich; lobsinget seinem Namen, denn er ist lieblich!" (Ps 135,3) Fange an, mitten im Leid zu singen. Mittendrin in der Schwierigkeit öffne die Vorhänge, sprich die Worte „Halleluja! Lob und Dank sei Gott!" aus und mache den Nachtigallen Konkurrenz!

Es gibt so viele **Meinungsmacher**, die versuchen, dir das Leben zu erschweren. Wenn du nichts tust, passiert nichts! Doch lobe den Herrn so, wie geschrieben steht, siehe hier: Denn der HERR ist ein großer Gott und ein großer König über alle Götter. Denn in seiner Hand sind die Tiefen der Erde, und die Höhen der Berge sind auch sein (Ps 95,3f.). Ja, das ist mein Gott, mein himmlischer Vater! Er weiß, was ich brauche! Lass dich nicht unterkriegen, von Menschen manipulieren oder dir falsche Meinungen einreden. Wir lehrten unsere Kinder ein Kinderlied, das wie folgt lautet: *„Pass auf, kleines Ohr, was du hörst! Pass auf, kleines Herz, was du glaubst! Pass auf, kleiner Mund, was du sprichst!"* Ja, pass auf!

Die Welt bildete sich zu einem kleinen Dorf zurück, zu diesem multikulturellen, in dem alles durcheinandergeriet! Alles will unsere Aufmerksamkeit, alles will unsere Beachtung, alles streut aus und wird gesät. Ich wohne im zweiten Obergeschoss und frage mich oft, wie das **Unkraut** in meine Blumentöpfe gelangte. Es fällt von selbst hinein. Ich säe es nicht. Es ist unvermeidlich, dass ich es jedes Mal wieder ausjäten muss. Ich darf nicht zulassen, dass es überhand nimmt! Plötzlich wächst dieses und jenes in meinen Blumentöpfen. Auf einmal war ein Kohlrabi darinnen, obwohl ich nie einen ausgesät hatte! Von irgendwoher kam der Same angeflogen. Satan sorgt dafür, dass das Negative deine schönen Blumenkästen verdirbt!

Wir werden mit dem **Überangebot der Medien** u.a. kaum fertig. Alles versucht, irgendwie Fuß in unserem Leben zu fassen. Die Saat geht auf, ganz gleich, wie. Auf meinem Balkon wächst sogar Löwenzahn. Diese Löwenzahnsamen fliegen durch die Landschaft, wenn es braust. Der Wind sorgt dafür. Die Saat geht auf gemäß ihrer Bestimmung. Es kommt nichts anderes dabei heraus als das, wozu es bestimmt ist.

Alles, was einmal gesät wurde, geht auf, ganz gleich, wie viele Jahre oder Jahrzehnte es zurückliegt. Manchmal geht es erst nach zwanzig Jahren auf. Flüche, die aus der Vergangenheit stammen, und **Verwünschungen**, wie etwa: „Aus dir wird nichts! Du kannst nichts!", gehen auf! Du wunderst dich: „Warum bin ich so schlapp? Warum bin ich so unfähig? Warum bin ich nicht produktiv?" *„Solange die Erde steht, soll nicht aufhören Saat und Ernte"*, spricht der Herr. Den meisten, die heutzutage zum Glauben kamen, gelang es irgendwie, aus dem Gesellschaftssystem herauszukommen. Sie waren verdorben, versaut und vermurkst. Ihr Kopf ist noch verdreht. Sie müssen erst wieder zurechtgerückt und geradegebogen werden. Deshalb halte ich auch diese Predigt am heutigen Vormittag. Saat und Ernte gehören zusammen, sie sind unzertrennlich.

Die Neubekehrten bringen alle möglichen verkehrten Lehren aus der Esoterik, dem Spiritismus, von den New-Age-Leuten, aus dem Sozialismus, Kommunismus, Humanismus, dem Aberglauben und Unglauben mit! Sie wundern sich, warum es mit ihnen nicht aufwärts geht. Wirf alles weg und fange ganz neu an! Das ist am einfachsten. So viele Menschen sind mit **Zweifel** behaftet, wie: „**Sollte Gott etwa gesagt haben?**" (Vgl. 1 Mose 3,1) Ja! Er sprach: „*Solange die Erde steht, soll nicht aufhören Saat und Ernte*". Und Er lässt sich nicht spotten, siehe das, was Charles Darwin kundtat. Lass ihn babbeln soviel er will! Er lässt sich *auch* nicht spotten! Und siehe, was die anderen Philosophen kundtaten. Lass sie reden! Lass doch die Leute reden, was sie wollen! Ich weiß, dass mein Erlöser lebt! (Siehe Hiob 19,25a) Mein Heiland existiert! Er ist reell! Lass dir den Kopf nicht verdrehen!

Einen Teil dieser Neubekehrten muss man zuerst einmal isolieren und zehn Tage oder ein Jahr lang in Quarantäne stecken. Sie müssen sich von den **Altlasten entsorgen!** Diese Leute haben kein Bibelwissen mehr. Sie haben keinerlei Bindung; weder an den Familienkreis, noch an das Volk, noch an die Heimat. Sie haben keine Bindung mehr! Sie sind entwurzelt! Entwurzelte Pflanzen entfalten sich nicht! Sie wachsen und gedeihen nicht, sondern bleiben mickrig. Sie haben keinerlei natürliches Wurzelwerk. Die meisten sind entwurzelt und entfremdet in ihrer Umgebung. Sie haben keinen Kontakt mehr zu ihren Nachbarn, Freunden und Bekannten. Sie sind entwurzelt, ja! Hier muss zuerst einmal ‚das Feld bestellt und der Acker bearbeitet' werden. Es muss umgepflügt werden!

Auf unserem Feld damals in der Sowjetunion mussten wir **die Quecken lesen**. Das ist immer wiederkehrendes Unkraut. Selbst wenn du die Wurzel abreißt, wächst der Rest, der im Boden verbleibt, weiter. Sie müssen *radikal* ausgerissen werden, wenn wir den Boden sauber kriegen wollen. So viele Quecken, alle Wurzeln und Verquickungen, müssen aus unserem Leben weichen! Das Feld muss umgepflügt werden, bevor man mit der Aussaat beginnen kann. Erst *nachdem* alles bearbeitet wurde, kann man aussäen und damit beginnen, größer zu denken; anders zu denken.

Es ist so wichtig, dass wir den Boden – unser Herz – vorbereiten! Saat und Ernte hängen mit unserer **Bodenbeschaffenheit** zusammen! Erst *nachdem* das Feld umgepflügt wurde und die bitteren Wurzeln, was es auch immer war, entfernt wurden, kann die Aussaat stattfinden.

Nach der *äußeren* Bereinigung muss man die **Innenweltverschmutzung** angehen und behandeln. In den Innenräumen ist so vieles enthalten! Nicht nur die Worte, die du in deiner Umgebung aussprachst, die in der Luft herumschwirren und von den Geistern, Dämonen und Engeln vernommen wurden, sondern das, was *in* deinem Herzen vorhanden ist, muss entfernt werden! Dort kursieren noch so viele krankmachende Gedanken, wie folgt: „Ja, ich werde krank! Ich werde sterben!" Ja, du stirbst eines Tages schon. Wenn du dafür sorgst, dass du stirbst, findet es statt. Doch du sollst leben, die Taten des Herrn verkünden und Gott danken für jeden Tag, an dem du noch am Leben bist und atmest! Danke Ihm für jeden Tag, da es dir möglich ist, aufzustehen und deine Arbeit zu verrichten!

So viele **Gedanken der Eifersucht, des Neides und der Ablehnung** kursieren noch in den Herzen der Menschen! Das alles – diese ganzen Quecken – müssen aus dem Leben weichen, sodass du dich nicht mehr aufregst darüber, ob man dir dankt oder nicht. Du dankst dem Herrn sowieso für alles. Das reicht vollkommen aus. Ob man dir dankt oder nicht, hat keinen Belang. Hier müssen zunächst einmal ‚die Steine vom Feld‘ abgetragen werden. Da gibt es noch so viele Steine, so viel Hartes, so viele Versteinerungen in deinem Leben! Da *kann* nichts aufgehen! Das Feld muss bestellt werden! **Die innere und äußere Reinigung** ist so wichtig! Erst nachdem das vollzogen wurde, kannst du singen: „Im Märzen der Bauer“ und segnen. Dann kann man anfangen, verstehst du?

Bevor der Herr die Israeliten ins Gelobte Land ließ, führte Er sie vierzig Jahre durch Wüstenland. Dort ‚bearbeitete‘ Er sie. Sie sollten **das gesamte ägyptische Denken ablegen** und umdenken. In der Wüste mussten sie sich vom Pöbel lösen, was es auch immer ist, diejenigen, die mitliefen oder die man mitnahm oder die mitgehen durften. Sie mussten sich ihrer entledigen, das neue Gesetz Gottes annehmen und anfangen, nach der Ordnung des Herrn zu leben. Gott lässt sich nicht spotten! In aller Liebe, wir müssen diszipliniert werden! Wir müssen uns das Leben einüben Stück für Stück! Wie lebt man? Wir müssen laufen, essen und sprechen lernen; uns einüben. Ansonsten wären die Israeliten ein wilder Haufen geblieben! So viele Christen werden ein wilder Haufen. Warum? Weil sie sich nicht in **die Gesetze des Herrn einüben**. Gott lässt keinen Spott mit sich treiben! Das teile ich euch in aller Liebe mit.

Man erntet nur gemäß seiner Aussaat. Man ‚erntet' nur das, was man beigebracht bekam und ‚ein- oder umpflanzte', gemäß dem, wie man gelehrt wurde und gemäß dem, was man verstand, wie folgt: **„Aha!"** Man erntet gemäß dem, was man verinnerlichte. Das muss man umsetzen. Es steht geschrieben: **Da traten die Jünger hinzu und sprachen zu ihm: Weißt du auch, dass die Pharisäer an dem Wort Anstoß nahmen, als sie es hörten?** Aber er antwortete und sprach: Alle Pflanzen, die mein himmlischer Vater nicht gepflanzt hat, die werden ausgerissen **(Mt 15,12f.).** Das heißt, dass die Jünger Jesu das folgende Gleichnis vom vierfachen Acker überhaupt nicht verstanden hatten!

Es steht geschrieben: **Als nun eine große Menge beieinander war und sie aus jeder Stadt zu ihm eilten, sprach er durch ein Gleichnis: Es ging ein Sämann aus zu säen seinen Samen. Und indem er säte, fiel einiges an den Weg und wurde zertreten, und die Vögel unter dem Himmel fraßen's auf. Und anderes fiel auf den Fels; und als es aufging, verdorrte es, weil es keine Feuchtigkeit hatte. Und anderes fiel mitten unter die Dornen; und die Dornen gingen mit auf und erstickten's. Und anderes fiel auf das gute Land; und es ging auf und trug hundertfach Frucht.** Da er das sagte, rief er: Wer Ohren hat zu hören, der höre! **(Lk 8,4-8)** Dieses simple Beispiel *verstanden* sie nicht! Waren sie etwa töricht? Was war mit den Jüngern von einst los?

Es wird so viel gesät! Nicht alles, was ich predige, wird von den Leuten verstanden. Nicht alles begreifen sie, aber etwas bleibt hängen. Es bleibt nur das bestehen, was der Herr pflanzte, worüber Er eine **Offenbarung** verlieh.

Worüber der Herr keine Offenbarung verleiht, bleibt ‚in der Hand der Pharaonin‘, in der Mumie, in der Pyramide. Es geht nicht auf.

Was würde nicht alles in unserem Leben stattfinden, wenn wir **‚den Samen auf den Acker bringen‘** würden! Da könnten, wie ein Wissenschaftler einmal ausrechnete, Zahlenmultiplikationen stattfinden, die bis in unermessliche Höhen ansteigen würden! Was würde nicht alles stattfinden, wenn der Same auf einen *guten* Ackerboden fiele! Nur fünf Körner reichen aus! Auch wenn es nur ägyptischer Same war! *Gott lässt sich nicht spotten.* Das Saatgut des Menschen geht immer, immer, immer, immer, immer auf! Wir ernten, was wir säen. Irgendwann ist immer einmal Erntezeit, hier bei uns jetzt im Oktober.

Mein Schwiegersohn ist jüdischer Abstammung. Meine Tochter rief mich an und erstattete mir **Bericht**: „Papa, weißt du, was wir machen? Wir bröseln das Brot ins Wasser. Wir lassen die Brotkrumen übers Wasser fahren.“ Das birgt das folgende Zeichen in sich: Das Alte hergeben! Das Alte loslassen! Sie als Ehepaar bröseln das Brot ins Wasser. Sie tun es, weil es irgendwo in ihrer Tradition so vorkommt. Die **Krumen einfach bröseln und übers Wasser fahren lassen**, wie nachfolgend geschrieben steht: **Lass dein Brot über das Wasser fahren; denn du wirst es finden nach langer Zeit (Pred 11,1).** Nach gegebener Zeit wirst du es zurückerhalten, ja! Dieses Bild praktizieren sie und leben es vor. Sie üben den Glauben. Man muss den Glauben einüben und gewiss sein: „Ich lasse das Brot über das Wasser fahren, ich zahle den Zehnten und ich tue dieses und jenes!“ Der Herr fügt das Übrige hinzu. Irgendwann bricht die Erntezeit herein.

Diese Tage vernahm ich im Fernsehkanal Bibel-TV die Mitteilung, dass eine Frau ihre Arbeit und alles andere verloren hatte. Sie gab ein **Zeugnis** ab wie folgt: „Ich fand zum Heiland, weil ich Ihm das Folgende mitteilte: Herr, ich brachte Dir regelmäßig meinen Zehnten! Jetzt bist *Du* an der Reihe!" Sie fand eine Arbeitsstelle und nach einer Weile betrug ihr Jahreseinkommen über zweihunderttausend Euro! Bevor es ihr aber gelang, Ertrag einzubringen, musste sie damit beginnen, etwas zu *tun*! Sie teilte dem Herrn mit: „**Herr, ich war Dir treu, doch nun, da ich mich in Nöten und Schwierigkeiten befinde, erweise mir *Deine* Treue! Beweise Dich als der mächtige, starke Gott!**" Verstehst du? Was der Mensch sät, das erntet er!

Du schimpfst über die Familie Rockefeller, darüber, dass sie Millionäre sind und bald ganz Deutschland aufkaufen könnten, doch zu der Zeit, da der Vater starb – die Familienmitglieder sind Baptisten, die einer Baptistengemeinde zugehörig sind – begann David Rockefeller damit, den Zehnten zu geben. „Bis zum Schluss gab er" – das war bald die Hälfte seines Vermögens – „der Christengemeinde **treu den Zehnten**", wurde später in einer TV-Sendung zur Erwähnung gebracht. Der Herr segnet, wenn wir geben, nachdem wir gelernt haben, loszulassen, gleich meiner Tochter, die die Brosamen dem Fluss, dem fließenden Quell, übergab. Gewiss, die Entlein und Fische werden es fressen; aber das ist egal. Gib weiter und du wirst gesegnet werden zu rechter Zeit!

Im gleichen Abschnitt des Galaterbriefes spricht Paulus sowohl von der **Frucht des Geistes** als auch von der **Frucht des Fleisches**, wie geschrieben steht, siehe hier: **Wer auf sein Fleisch sät, der wird von dem Fleisch das Verderben ernten; wer aber auf den Geist sät, der wird von dem Geist das ewige**

Leben ernten (Gal 6,8). Das heißt, du wirst nichts anderes ernten! Wenn du fleischliche Dinge tust, also fleischliche, menschliche und zeitlich vergängliche Dinge fabrizierst und das Geistliche vernachlässigst, dann wundere dich nicht, dass du geistlich mau und träge wirst. Es hängt immer von dem ab, was man hört! Je nachdem, was du hörst, geht die gute oder die schlechte Saat auf. Alles holt dich wieder ein, wie auch immer, denn dieser Kreislauf findet statt.

Wer anderen schadet, schadet sich selbst. Wer andere zerstört, zerstört sich selbst. Wer andere ruiniert, ruiniert sich selbst. Höre einmal zu! Alles wiederholt sich! Der Herr lässt sich nicht spotten! Das möchte ich an diesem Erntedanksonntag verkündigen. Wer andere beleidigt, wird früher oder später selbst beleidigt. Wer andere verachtet, ignoriert oder beschuldigt, gerät plötzlich selbst ‚in **die Mühle Satans**‘ hinein. Ihm widerfährt desgleichen! Er wird angeklagt, beleidigt und benachteiligt. Wer andere demütigt, wird selbst irgendwann einmal gedemütigt werden. Pass auf, was da stattfindet. Von nichts kommt nichts. Alles wiederholt sich bei dir persönlich, für dich selbst. Deshalb, ich predige nicht für die anderen – die Leute interessieren mich gar nicht – sondern ich predige mir. *Ich* werde es erleben. Was ich tue, das werde ich ernten. Der Herr lässt sich nicht spotten, auch nicht in meinem Leben. Wer andere betrügt, wird selbst betrogen. Wer andere begrenzt, wird selbst begrenzt. Wer anderen eine Falle stellt, wird selbst zu Fall kommen; ganz einfach, kein Problem.

Der Herr segnete! Er segnete Saat und Ernte, und sprach: „*Es wird nicht aufhören*“ usw. Alles kommt zurück! Was der Mensch sät, das wird er ernten, das, was entweder er säte oder was in sein Leben hinein gesät wurde. Was er einmal sagte, geht auf; ja, alles, was er einmal *dachte!* Stelle dir das einmal vor! *„Die Gedanken sind frei.“* Diese Worte sprach einmal ein deutscher Dichter aus. Aber die Gedanken *sind* nicht frei, denn die Gedanken, die du denkst, werden zu Worten und später zu Taten, und aus den Taten treten die Resultate hervor. Alles, was getan oder uns angetan wurde, alles, was geliebt oder gehasst wurde, tritt aufs Neu zutage. Das Licht bricht herein. Es wiederholt sich. Deshalb ist dieses **Loslassen** so wichtig! Gib es Gott ab und rufe aus: **„Herr, vergib mir! Reinige und heilige mich!“**

All jenes, von dem wir nicht gelöst wurden, wo wir die Wurzeln – diese Quecken, auch die abgerissenen – nicht entfernten, geht uns nach! Es verfolgt uns! Mein Vater erklärte uns, dass wir das **Unkraut radikal, ohne Schonung, ohne Barmherzigkeit, mit der Wurzel aus dem Boden reißen** müssen. Erst dann pflanzt du deine Kartoffeln oder Karotten erfolgreich ein. Erst dann vermagst du dieses oder jenes auszusäen.

Alles unterliegt dem Gesetz von der Saat und Ernte. Wenn wir schlafen, nützt Satan diesen günstigen Moment. So viele Christen sind Schläfer. Sie wundern sich: **„Was geschah mir? Ich betete doch! Ich stellte doch dem Herrn meinen Zehnten anheim! Ich verrichtete doch dieses und jenes!“** Warum muss guten Menschen so viel Schlechtes widerfahren? Die Saat geht auf, denn die Wurzeln wurden nicht radikal entfernt! Wer Negatives sät wird Negatives ernten. Im Buch der Sprichwörter ist das Folgende enthalten, wie geschrieben steht, siehe hier: **Wer seinen Mund hält, hält sich Schwierigkeiten vom Hals (Spr 21,23** GNB**).** Halte doch den Mund! Schimpfe nicht! Widersprich nicht! Kritisiere nicht! Nörgele nicht! Wer schweigt, hält sich Schwierigkeiten,

Krankheiten und Sorgen fern! So jemand hält Ängste, Verderben und Unheil von sich fern! *Rede nicht falsch Zeugnis.* (Siehe 2 Mose 20,16a; 5 Mose 5,20a; Mt 19,18e) Das wäre ein anderes Thema, in das ich einsteigen könnte.

Und dann: Es steht geschrieben: **Wer den Mund halten kann, bewahrt sein Leben (Spr 13,3a** GNB**).** Das gilt für jeden, der seinen Mund halten *kann*! Den meisten gelingt es nicht. Du benötigst ein Schloss vor dein Mundwerk, damit du stille bist und schweigst! Bete: „Herr, hilf mir, dass ich es fertigbringe, zu schweigen!" Und ich fahre fort: Wer den Mund halten kann, bewahrt sein Leben; **wer ihn zu weit aufreißt, bringt sich ins Verderben (Spr 13,3** GNB**).** Das steht ja in der Bibel, gemäß König Salomo. Und weiter steht geschrieben: Weise reden nicht von ihrem Wissen, aber **Unverständige reden plötzliches Unheil herbei (Spr 10,14** GNB**).** Unverständige reden Unheil herbei! Dein Unglück und deinen Verlust verursachst du selbst durch dein Mundwerk. Entschuldigung, aber der Mund ist unser Werkzeug! „Die Zunge ist ein kleines Ding, aber sie steuert große Schiffe", ist einmal in der Heiligen Schrift erwähnt. (Siehe Jak 3,4-5a)

Je mehr ein Mensch redet, desto mehr versündigt er sich. (Vgl. Spr 10,19a GNB) Er versündigt sich an sich selbst natürlich, nicht etwa an den anderen. Die anderen interessiert das gar nicht, doch er versündigt sich an sich selbst! Wer Verstand hat, hält seine **Zunge im Zaum**. (Vgl. Spr 10,19b GNB) So jemand beißt sich auf die Zunge.

Und dann: Es steht auch noch geschrieben: **Wenn du wirklich etwas gelernt hast, gehst du sparsam mit deinen Worten um (Spr 17,27a GNB).** Ja, sparsam! Der Mensch erntet, was er denkt und äußert. Wer seine Gedanken mit Negativem füllt, erntet Negatives. Wer sein Leben mit **Groll, Ärger, Bitterkeit** u.a. füllt, erntet das alles irgendwann einmal! „Ich mag die nicht. Ich verstehe dich nicht." Du kannst sie nicht ausstehen, ja. Sag das nur, wenn du sie nicht magst. Du weist es zwar zurück, aber vielleicht sind das gerade *die* Leute, die dir am meisten helfen könnten.

Meine Wünsche bestimmen mein Leben. Meine Wertschätzung, meine Beachtung, meine Aufmerksamkeit, meine Konzentration, meine Interessen – das alles bestimmt mein Leben! Mein Leben wird von meinen Bekenntnissen, von meinen Verbindungen und von meinen Betonungen bestimmt! Weißt du, du kannst auch **das Positive negativ betonen**. Manche *sind* so raffiniert. Das alles bestimmt die Ernte in unserem Leben.

Wir ernten das, was wir säen. Säe Liebe, und du wirst Liebe ernten. Sei freundlich und nett. Säe Frieden, und du wirst Frieden ernten. Sei nicht nur ein Waffenexporteur, der die Waffen in die Ukraine, oder wohin auch immer, liefert! **Säe Freundlichkeit**, und du wirst Freundlichkeit ernten. Säe Vertrauen, und du wirst Vertrauen ernten.

„Saat und Ernte" lautet mein heutiges Thema. Heute feiern wir das Erntedankfest. Wir sollen dem Herrn danken und Ihn loben, rühmen und preisen! Säe Fröhlichkeit, und du wirst Fröhlichkeit ernten. Säe Traurigkeit, und du wirst Traurigkeit ernten. Säe Kritik, und du wirst Kritik ernten. Kritisiere deinen Chef oder deine Kollegen, und du wirst sehen, dass *sie* dich kritisieren werden. Dann sage: „**Dankeschön! Mir widerfährt das, was ich verdient habe!**" Verstehe, du bekommst immer das, was du verdient hast. Das stelle ich dir in aller Liebe anheim. Das passiert in deinem Leben.

Säe Härte, und du wirst Härte ernten. **Säe Vergebung, und du wirst Vergebung ernten.** Säe Verständnis, und du wirst Verständnis ernten. Säe Sympathie, sei freundlich, und du wirst Verständnis und Sympathie ernten. Säe Geld – so einen Krumen, der in den Bach fällt, so wie es meine Tochter vollzog, weil die jüdische Bevölkerung derzeit Neujahr feiert – und sieh, was geschieht. Sie lassen das Alte los und nehmen es nicht mit. Sie übergeben die Krumen den Fluten bzw. der Ewigkeit und dem Herrn. Sie lassen los. Säe Streit, und du wirst Streit ernten. Säe Sturheit, und du wirst Sturheit ernten, wie folgt: „Wir wollen mit Ihnen nichts zu tun haben!"

Das Reich Gottes wird von dem **Gesetz von Saat und Ernte** bestimmt. Es steht geschrieben: **Und er sprach: Mit dem Reich Gottes ist es so, wie wenn ein Mensch den Samen auf die Erde wirft und schläft und aufsteht, Nacht und Tag, und der Same keimt und geht auf, ohne dass er es weiß (Mk 4,26f. SLT).** Die Sonne scheint und der Same keimt ohne dass der Bauer etwas davon feststellt. Du merkst nicht, wie er aufgeht, doch plötzlich grünt und sprießt alles. Sowie: **Denn die Erde trägt von selbst Frucht, zuerst den Halm, danach die Ähre, dann den vollen Weizen in der Ähre. Wenn aber die Frucht es zulässt, schickt er sogleich die Sichel hin; denn die Ernte ist da (Mk 4,28f. SLT).** Es wächst von selbst! Du musst nicht für die Ernte sorgen, denn das veranlasst schon der Herr! Du musst nur aussäen!, auch wenn das nur in aller Schwachheit stattfindet. (Siehe 1 Kor 15,43b)

Der Mensch selbst sät es. *Das* ist der Same. Worte, die er ausspricht, beginnen zu wachsen und fangen an, sich zu entwickeln. Jesus spricht: „***Die Erde"*** – das ist unser Herz – „***bringt von selbst Frucht hervor"***. (Siehe Mk 4,28a ELB) Du merkst es also gar nicht. Plötzlich ist der Halm da! Plötzlich ist die Ähre da! Plötzlich ist die Frucht da! Plötzlich reift etwas! Der Same trägt von selbst Frucht, auch wenn die Menschen inzwischen bekehrt, wiedergeboren und getauft sind, sich nun mit ganz anderen Dingen befassen und längst alles vergaßen, was in ihrer Vergangenheit vorfiel.

Deshalb ist die Aufarbeitung der Vergangenheit so wichtig! Frage dich: „Was fand in meiner Vergangenheit statt?" oder: „Was war vor zehn Jahren?" In der **Seelsorge** stelle ich meistens die Frage: „**Seid wann hast du das? Wann fing es an?**" Und die nächste Frage, die ich stelle, lautet: „Und was fand seitdem statt?" Gehe der Sache auf den Grund!

„Löse deine **Gelübde und Versprechen** ein, die du mir in deiner Bedrängnis gabst", spricht der Herr. (Siehe Ps 50,14b) Löse dein Gelübde und dein Versprechen ein! Jetzt ist die Zeit reif! Jetzt bist *du* dran! Vielleicht vergaßest du alles, was du damals redetest, was du dem Herrn versprachst. Vielleicht legten wir schon längst ad acta, wie wir damals beteten und zum Herrn schrien. Das gilt immer noch! Es ist noch nicht verschallt! Es kam nicht etwa abhanden irgendwo dort im Universum! Es gilt auch dann noch, wenn alles schon längst vorbei ist oder die Leute, die es sagten, längst verstarben! Du denkst: „Das hat sich längst erledigt! Ich habe kein Interesse mehr daran!" Alles, was wir irgendwann einmal zur Debatte stellten, existiert! Es ist und bleibt vorhanden bis der Herr es löste oder wir uns davon lösten.

Worte sind Mächte! Worte vergehen nicht so einfach! Dieser ausgestreute Same, selbst nach zehn, zwanzig, dreißig, vierzig, fünfzig, sechzig und siebzig Jahren, geht auf! Du wunderst dich manchmal, dass die Sache im Alter wiederkommt. Aber woher kommt sie? Das Samenkorn wächst weiter! Es entwickelt sich von selbst! Dieser Geist der Festlegung – du streutest dieses Korn aus!

Auf **Korsika** gibt es Esskastanien. Ein Hirte, der dort ansässig war – das ist eine Überlieferung, die weitererzählt wird – hatte einen ganzen Sack voll dieser Esskastanien. Als es ihm langweilig war, steckte er ab und zu einmal eine davon in den Erdboden hinein. Diese Frucht ging auf! Deswegen erhältst du nun auf Korsika überall **Esskastanien**. Das verdanken die Bewohner diesem Hirten, der sie in der Erde vergrub. Nach Jahren gingen diese Esskastanien auf. Man bedenke, dass der Same sich von *selbst* entfaltet. Er trägt seine Frucht, selbst nach Jahren, Jahrzehnten und im hohen Alter!

Im Alter bricht alles hervor. Wenn du in der Jugend sparsam sein musstest, wirst du im Alter geizig. Wenn du in der Jugend viel schnattertest und redetest, wirst du im Alter eine Schwatzbase. Entschuldigung, aber das findet statt! Das ist die normale Entwicklung! Wenn der Mensch alt ist, brechen ‚sämtliche Kastanien und Nüsse' – all das Harte – wieder auf!

„Irret euch nicht!", spricht der Herr. Alles bringt seine Frucht. Die Worte, die aus unserem Herzen kommen, bleiben nicht ohne Wirkung. Die **Worte**, die aus tiefer Überzeugung entstanden sind, aus der Seele heraus, aus dem Glauben heraus, aus den Schmerzen heraus, wie etwa: „O Gott, ich ertrage das nicht mehr!", haben eine **Folge und Konsequenz**. Wir ziehen mit unseren Worten das Negative an.

Aus deiner Überzeugung, die aus deinem Herzen stammt, kommen alle Verletzungen und Krankheiten, die du erlebtest, als du damals schimpftest wie ein Rohrspatz. Das hast du nur vielleicht gerade vergessen, aber jetzt gelangt alles ans Licht! Sprich nicht nur diese Worte aus: „Herr, vergib mir die Sünde, die ich beging! Vergib mir dieses und jenes sowie das, was augenblicklich vorhanden ist!", sondern auch jene: **„Herr, vergib mir die Sünden meiner Jugendzeit!"** Ich meine nicht die Sünden des Alters. Denn was im Alter passierte, was gestern stattfand, ist dir bewusst. Doch bete: „Herr, vergib mir die Sünden, die während meiner Jugendzeit stattfanden!"

Welche Worte sprachst du während deiner Jugendzeit aus? **„Ich werde nie heiraten!"** oder: „Ich werde ins Kloster gehen!" u.a. Du sagtest es, und nun *bist* du nicht verheiratet. Du bist ledig geblieben. Nun gehe ins Kloster, wenn du willst. Aber das Kloster braucht dich vielleicht gar nicht mehr. Was du aus tiefster Überzeugung, aus Neid, Hass, Bitterkeit, Unversöhnlichkeit, aufgrund deiner Probleme, proklamiertest, ist nun das **Ergebnis** in deinem Leben. Das bereitet dir jetzt Not, Angst und Probleme. Deshalb ist im Wort Gottes aufgezeigt, dass du kein falsch Zeugnis reden sollst bzw. das, was der Herr *nicht* in dein Herz hineinlegte.

Wir sollen nur reden, was der Heilige Geist zu uns spricht. **Worte des Lebens** und Worte des Friedens sollen wir wiedergeben! Wehe, wenn wir etwas Falsches und Verkehrtes aussprechen, was nicht dem Willen des Herrn entspricht! Ein junger Mensch sollte heiraten. Das ist die Bestimmung des Lebens. Aber du erwiderst: „Nein, das werde ich nie machen!", obwohl es ganz natürlich ist. Wenn du diese Worte nur ein einziges Mal aussprichst, blockierst du dich damit selbst! Du erntest, was du säst. Es hat Auswirkungen auf dein persönliches Leben.

Unsere Probleme bestehen immer aus dem, was wir ‚gesät' haben. Damit sind auch negative **Bekenntnisse** gemeint. Du musst nicht gleich auf die Knie gehen und wie der Herrgott selbst beten. Nein! Das, was du aussprichst, sind entweder Befehle an Satan, an die Engel oder an den Herrn. Es ist unser Saatgut. Ein Samenkorn geht erst auf, nachdem es gesät wurde. Du sprachst die Worte aus und nun warte, bis sie sich verwirklichen. Wir erhalten immer zurück, was wir gaben, ganz gleich, um was es sich dreht.

Im Evangelium nach Lukas lese ich, was geschrieben steht, siehe hier: **Gebt, so wird euch gegeben. Ein volles, gedrücktes, gerütteltes und überfließendes Maß wird man in euren Schoß geben; denn eben mit dem Maß, mit dem**

ihr messt, wird man euch zumessen (Lk 6,38). Lass den Krümel übers Wasser fahren.

Worte Gottes sind universell! Sie gelten überall und bei jedem, ob Christ oder Nichtchrist, Atheist oder Faschist. Ja, sie gelten überall! Unsere Probleme bestehen aus dem, was wir schnattern. Ja! Ohne Saat gibt es keine Ernte. Das ist eine göttliche Gesetzmäßigkeit. Sie wird nicht aufhören, solange die Welt besteht. Unsere Gedanken haben entweder **Anziehungskraft oder Abstoßungskraft**. Die meisten verstanden diese Gesetzmäßigkeit noch nicht, deshalb predige ich so eingehend. Ich könnte noch bis nach Mitternacht predigen, doch wir sollten stille vor dem Herrn sein und nicht schreien. Durch den Schrei bekommt alles Negative Gewicht. Unser Herz wird von Satan manipuliert, wie folgt: „Ja, schreie noch lauter! Die Pharaonen verfolgen dich!"

Erkenne die **Kraft des Säens und des Erntens**. Jesus ‚gab uns die Schlüssel des Himmelreichs'. (Vgl. Mt 16,19a) Er sprach Worte wie diese: „Alles, was ihr auf Erden binden werdet, soll auch im Himmel gebunden sein, und alles, was ihr auf Erden lösen werdet, wird auch im Himmel gelöst sein. (Siehe Mt 16,19b) Mit deinen Worten bindest und löst du alles! *Du* bist das Problem für deine Probleme! Du ganz allein! Wenn du die Worte „Ich komme nicht mehr über die Runden!" aussprichst, bist du schon blockiert und ausgebremst. Du kommst nicht mehr über die Runden. Du sprichst ein Lobgesang zu Satan aus. Proklamiere nicht den Geist des Mangels! Wenn du etwas unternimmst, proklamiere das Folgende: „**Es wird mir gelingen! Der Herr steht mir zur Seite! Gott ist meine Stütze! Gott ist mein Schild! Gott ist mein Schirm! Mir wird es gelingen! Ich bin ein Mensch, dem alles gelingt!"** Selbst dann, wenn *nichts* gelingt! Dennoch! Rufe aus: „Ich bin ein Mensch, der von Gott berufen ist! Der Herr verleiht mir Gelingen! Er bewirkt das Wollen und das Vollbringen!" (Vgl. Phil 2,13)

Wenn du mit dem Herrn und mit dir selbst eins bist, wird keine Waffe, die geschmiedet wurde, etwas wider dich ausrichten! Es steht geschrieben: **Keine Waffe wird etwas ausrichten, die man gegen dich schmiedet; jede Zunge, die dich vor Gericht verklagt, wirst du schuldig sprechen. Das ist das Erbteil der Knechte des HERRN,** und ihre Gerechtigkeit kommt von mir, spricht der HERR **(Jes 54,17** EU**).** Der Herr ist *für* mich! Und ist der Herr für uns, wer oder was kann wider uns sein? Sage dem Herrn das, was Er über deine Probleme spricht. Säe und streue die **Worte des Herrn** aus! Proklamiere sie und erwarte etwas! Werde gleich dem Herrn! Er sprach und erwartete, dass gleich nach Seinem Befehl, den Er ausrief, die Lichter angingen, wie geschrieben steht, siehe hier: **Und Gott sprach: Es werde Licht! Und es ward Licht (1 Mose 1,3).** Es wurde nichts, was der Herr nicht sprach.

Säe und erwarte! Säe Trennung. Das sprach der Herr, ja! Und Er schied den Tag von der Nacht. (Siehe 1 Mose 1,4b-5a) Das war das Nächste. Säe Trennung; das will ich *nicht* haben! Die Nacht ist nichts für mich! Ich möchte „Tag" sein: **„Herr, ich will Dich loben!"** Und Er segnete das Gesäte. Fange an, das Gesäte zu segnen, ganz gleich, *was* es ist. Segne, und es kann sich nicht mehr verändern. Alles, was einmal gesegnet ist, kann sich nicht mehr verändern. Rübe bleibt Rübe, Tomate bleibt Tomate, Kohl bleibt Kohl, Kartoffel bleibt Kartoffel – was Er segnete, das bleibt! Halleluja!

Gebet: Vater im Himmel, wir danken Dir für alles, was in diesem Jahr geerntet wurde. Alles, was gesät wurde, ging auf und wurde wunderbar und vollkommen. Vollkommener kann es keine Fabrik machen. Du gibst uns alles, was wir benötigen. Auch wenn wir im Mangel sind, wissen wir, dass Du unseren Mangel mit Deinem Reichtum ausfüllen wirst. Gott, ich danke Dir und ich preise Dich, dass Du alle Tage bei uns bist und uns nicht verlässt. Dass Du, lieber Vater, uns in diesem Jahr nicht verlassen hast, dafür sagen wir: „Dankeschön!" Amen

Sie können die Predigt hören auf: www.berliner-predigten.de

Quellenangabe

Lange Bibelwerk, 1873 Leipzig. Die Schriften des Alten und Neuen Testaments erklärt und übersetzt für die Gegenwart. 1925 Göttingen, Vandenhoeck & Ruprecht. Otto von Gerlach, Altes und Neues Testament (Anmerkungen) von 1893, Leipzig (J. E. Heinrichs'sche Buchhandlung) sowie mein eigenes Archiv.

Printed by Books on Demand GmbH, Norderstedt / Germany